古厝生态银行

——新时代延平区乡村振兴样板

崔　莉　著

中国旅游出版社

序

在乡村振兴时代背景下，分布在我国广大农村地区山水林田湖草屋等存在分散化资源难统计、碎片化资源难聚合、优质化资产难提升、社会化资本难引进等问题，如何在发展乡村经济的同时，保护和利用好乡村生态、文化资源，创新生态治理体制机制是关键。著者于2018年提出"生态银行"模式，即自然资源资产运营管理平台，并在福建、江西、浙江等地持续实践，为系统推进"绿水青山就是金山银山"理论提供了转化机制和丰富实践经验。

本人作为《南平生态银行试点方案（2018）》专家评审组组长，近年来一直关注着生态银行的研究与实践，很高兴全国已经形成"森林生态银行""古厝生态银行"等多种实践模式，并取得了丰厚成果。古厝生态银行以"农村古厝闲置资产盘活"作为延平区乡村振兴战略的重要切入口，积极探索闲置资源多渠道利用模式，建立了政府主导、市场有为、农民参与的乡村协同治理创新机制，有效契合了2021年4月中共中央办公厅、国务院办公厅印发的《关于建立健全生态产品价值实现机制的意见》中"加快培育生态产品市场经营开发主体，鼓励盘活古旧村落等存量资源""探索古屋贷等金融产品创新，以收储、托管等形式进行资本融资，用于周边生态环境系统整治、古屋拯救改造及乡村休闲旅游开发等"等意见，破解了乡村文化遗产保护的机制之困，是乡村振兴与共同富裕新的有效载体。未来，本人也将继续关注"生态银行"研究。

沈国舫

中国工程院院士

2022年3月于北京

前言

  乡村振兴和绿色发展，是新时代社会经济建设的主基调之一，将乡村保护发展与生态文明建设结合，融入经济建设、区域发展的命题中，需要以体制机制改革创新为核心，调动生态资源要素市场化配置，盘活乡村闲置资源，推进生态产业化和产业生态化。

  乡村和农民最大的资产是房屋，由于农村人口流失、村落空心化严重，农村变得萧条甚至凋敝，无论是古屋还是新居普遍呈现出闲置、低效利用的状态，乡村文化资源和生态资源都没有得到有效开发，更谈不上生态产业化和产业生态化。"生态银行"源于乡村振兴战略的提出，为广大农村地区碎片化资源规模化提质增效搭建了交易平台，提供了生态资源资产确权、登记、流转、保护、招商、经营、开发等方面的交易规则，顺应了乡村振兴战略中规模经济发展的要求。

  古厝是福建历史社会文化的表象物质遗产，勤劳智慧的先人通过就地取材，用泥土和当地材料铸就古厝文化遗产。历史上，建造古厝的主人是从商、从政的成功人士或是江左风流的才子，他们的共同特征是对乡土的依恋，无论衣锦还乡还是告老还乡都会在家乡建造古厝，并以家族为单位形成聚落建筑或者建筑群。散落在福建大地上的古厝，是历史上社会财富积累的象征，更是传统文化的载体。

  各地古厝空间是内向型的，向内收敛，这与当地文化密不可分。一厝一宗族，生于斯长于斯，厝内的祠堂、私塾等公共设施一应俱全，家族文化在围合空间里表现出强烈的秩序感，自成一体，家训和楹联是家族的非物质文化遗产，代代相传。伴随现代交通的发展，人类的迁徙范围不断扩大，古厝里的子孙后代也不再被"土地"束缚，相继远离乡村寻找更好的生活机遇。原本紧紧团结在古厝里的家族成员散落四处，古厝不再是家族文化和生活的唯一空间。厝的主人对祖先留下的古厝，也逐渐失去了情感依恋，主动"抛弃"了它，古厝所代表的农耕乡土社会文化随着古厝的坍塌逐渐消失。

保护和利用好古厝是福建乡村振兴的重要内容，也是乡村发展的基石和保障。生态银行机制已有成功实践案例，而结合极具闽南特色的福建古厝，是开启巨口乡生态经济建设的最大财富密码。延平巨口的古厝生态银行，结合实际的地理条件、风土人文，建立农村生态资源权益流转平台，培育生态产品市场经营开发主体，引进专业设计、运营团队、资金技术、科研院所共同保护和开发乡村，打造文旅艺术产业，激活了乡村，是政府主导、企业和社会各界参与、市场化运作、可持续的生态产品价值实现的成功案例。

总而言之，古厝生态银行是文化传承的主引擎，深入挖掘文化和自然遗产的深层内涵和时代价值，为传统文化与现代文化的融合提供了途径；是生态文明的主抓手，为村落环境提供了整体保护、规模化治理的思路，为生态资源与生态资产、资本三者间架起了转化的桥梁；是乡村振兴的金钥匙，推进了当地的产权制度改革、协同治理，增强了乡村的造血功能。

在此过程中，古厝生态银行调动了各方人士的积极参与，社会各界纷纷关注，外国留学生到此学习，感知中国传统文化，加强了本土与国际交流。村民开始行动，为家园的发展增砖添瓦。社会资本不断注入，乡贤大量回归，激发了巨口乡发展的活力。

通过古厝生态银行当前已经落实的艺术季和古厝资源利用，证实了古厝资源的巨大潜在价值。从古厝历史的演进到古厝生态银行的试点调研，再通过调研成果总结实施机制。以理论指导实践，实践带动理论升级完善运行模式，进入试点发展阶段，并在三年的试点过程中取得了初步的成果，这一切都说明着巨口乡以古厝为基础，开展生态建设的计划极具前瞻性。

本书总结了延平区、巨口乡政府和人民群众在农村综合改革中的创新实践，并对古厝生态银行实践探索进行了全面分析。主要内容共分为五章：第一章为读者揭开古厝神秘的面纱，展现延平巨口多姿的古厝；第二章介绍了生态银行是什么，它怎样善用古厝，阐述了政府、企业、农民、村集体等乡村治理相关利益者在其中发挥的作用；第三章是研究团队持续调研和监测古厝生态银行运行和实践效果，对巨口乡古村落、村民进行了社会学调查和访谈，发掘乡村治理深层次的社会和文化问题，对古厝生态银行运行成效进行了总结；第四章详细阐述了古厝生态银行实施过程、工作方法、保障机制等，展示了如何打通古厝资源—资产—资本的通道和路径，如何推进乡村生态资源保护开发和生态产品价值实现；第五章介绍了古厝生态银行在生态产品经营开发与乡村振兴的作用，巨口乡农村综合改革和乡村协同治理实践成果等。

国家制度的优势，为高效率地服务人民群众提供了保障。古厝生态银行所获得的实践成果，离不开大家的共同努力，尤其是政府一心为民的精神。一方面，政府对南平市生态银行的高效实施为古厝生态银行的实践奠定了基础；另一方面，国家农村综合性改革试点试验区的实行为古厝生态银行提供了各方面的保障与发展的契机。各级政府的大力支持，使得古厝生态银行迅速汇集了人才、资源、资产等各要素，通过艺术介入乡村的方式，进一步地推动了乡村的保护与发展。

前有党和国家政策的大力支持，中有乡村基层干部协调促进落实，后有乡贤群众不断建言献策，古厝生态银行的机制建立和落地实施也因此取得巨大成功，古厝才真正焕发出新的生机，完成了由古到今的形态转化，成为巨口的地域特色文化招牌。

目 录
CONTENTS

第一章

古厝概况

南平市延平区巨口乡九龙村古厝群

2002 年，时任福建省省长的习近平同志为《福州古厝》一书作序时指出："古建筑是科技文化知识与艺术的结合体，古建筑也是历史载体。保护好古建筑、保护好文物就是保存历史，保存城市的文脉，保存历史文化名城无形的优良传统。"①

留存在全国各地的风格迥异的古建筑，构成了当地独有的乡土文化景观，形成了稳定与熟悉的乡土社会。乡土与家，是中国人绕不开的话题，费孝通先生也曾说，中国传统的乡土社会是一种生于斯、长于斯的状态，终老是乡是最为普遍的常态②。而家乡之所以能在人们的记忆中颇具分量，除了多年的生活经历，也是因为家乡的建筑形貌在脑海中留下了深刻印象。

家乡的古建筑承载了一部分人共同生活的珍贵记忆，随着时代变迁，古建筑得不到重视，往往人迁屋残，消逝在历史的发展中。因此，在经济得到发展后，更应加大保护名城、保护文物、保护古建筑的投入，使一座古城的历史哪怕经历风雨飘摇依然不被湮灭，进而增加这座城市的吸引力、凝聚力。

第一节　追溯悠悠古厝

厝（cuò），在福建方言中为"房子"之意，"古厝"即传统房屋建筑，狭义指古老的房屋，广义则泛指古建筑。古厝多见于南方各省，多是模仿"皇

---

① 曾意丹. 福州古厝［M］. 福州：福建人民出版社，2002.
② 费孝通. 乡土中国［M］. 上海：上海人民出版社，2007.

官"的建筑风格修建的,一般天井较为开敞,呈现出"一明两暗""三合天井型""中庭型"三种基本形式。厝主要为方楼,外围夯土筑墙,厝内木构建筑,风格独特、结构精巧,以厅堂为中心的轴线序列严格中轴对称,反映出封建礼制影响下的传统伦理秩序[①]。明清至民国时期的古厝不计其数,甚至还有不少唐宋古厝,这些古建筑经过历史的熏陶,逐渐形成了既带有中华民族建筑本色及时代特色,又具有当地人群、族群民俗特色的建筑群。

福建省不同地区的古厝各具特色。闽东古厝最显著的特征就是优美弯曲的风火墙,也被称作马鞍墙,这种墙体与屋顶的起伏保持一致,建筑的边界由此被勾勒出来。比较有代表性的就是福州永泰的下坂厝,其所在地嵩口古镇是福州唯一的国家级历史古镇,下坂厝建筑精美,是古厝中的瑰宝。闽南古厝独特之处在于建筑里的一抹红色,在墙体的建造过程中只使用石头与红砖,墙体外围红白相间,兼具美观性和实用性的同时节约了建筑成本,比较有代表性的是厦门的新垵古民居。新垵古民居始建于清末民国初期,风格典型,规模庞大。闽西古厝多建于山腰山谷间,由于跋涉迁徙于此,闽西居民的宗族意识强

龙岩市永定区高头镇高北土楼群／曲利明摄

---

① 汪德根,吕庆月,吴永发,等. 中国传统民居建筑风貌地域分异特征与形成机制[J]. 自然资源学报,2019,34(9):1864-1885.

龙岩市永定区槐南镇安贞堡 / 曲利明摄

烈，这在建筑中也有很好的体现，其中最有代表性的是龙岩的土楼，土楼技艺之精巧、功能之完备无人不为之惊叹。闽北古厝受徽派建筑影响较多，朴素简洁，有一种理性之美，代表性建筑就是理学宗师朱熹的故乡——南平武夷山市五夫镇的古民居，拥有丰富的历史遗迹。闽中古厝也用红砖制作，屋顶造型多是双坡面的悬山顶，这种坡面的屋顶有潇洒飘逸之感，是莆田古民居的典型特征。

唐宋八大家之一曾巩在《道山亭记》中谈道："麓多栞木，而匠多良能，人以屋室钜丽相矜，虽下贫必丰其居。而佛、老子之徒，其宫又特盛"，即因其地缘条件，作为优质建筑材料的花岗岩和良品木材在周边遍拾皆是，而工匠又颇具妙心，再加上当地民俗将建筑繁茂作为荣耀的象征，这一切都促进了闽地古厝的兴盛，致使其在中国古建筑史上具有超然地位①。

建筑是历史的载体，一座名城承载的历史会随着岁月的流逝被人们逐渐淡忘，但古厝却用无声的语言承载着时间的侵蚀，经历沧桑巨变，带着它所传

---

① 曾意丹. 福州古厝［M］. 福州：福建人民出版社，2002.

承的历史，一步步迈向未来。

福建省拥有独特的自然环境。福建省国民经济和社会发展统计公报显示，2020年省内植被覆盖率为66.8%，居全国首位[①]；山地丘陵面积占全省总面积80%以上，地形丰富多样，生态环境良好。自隋唐开始，福建省就拥有多个我国重要的港口城市。唐代"海上丝绸之路"把我国几千年的古老文明带向世界各地，同时也带来了世界各地的文明。福建省多元的文化也与历代人口迁徙有很大关系，北方战乱迁徙而来的民众在适应着福建自然环境的同时也在用他们截然不同的生产生活方式与文化习俗影响着福建，一点点地刻画着福建的历史轨迹。

这种历史的承载，不仅是地缘上的关联，更带着血缘上的纽带和羁绊。

漳州市南靖县书洋镇田螺坑土楼群 / 曲利明摄

---

① 福建省统计局，国家统计局福建调查总队. 2020年福建省国民经济和社会发展统计公报 [N]. 福建日报，2021-03-01（005）.

从地缘上看，不同的地域蕴含着各不相同的文化，而一个地域的文明也正是历史与地理相互交织、相互影响形成的结果。福建依山傍海，唐朝"海上丝绸之路"使福建成为我国重要的海上交通要道以及对外开放的前沿阵地。这一变化在促进海纳百川的福建人民对外来文化接纳的同时，也使外来文化深刻地影响着福建。此外，福建在地理位置上与台湾一衣带水，这使两地形成了浓厚的历史文化渊源①。迁徙而来的中原人民带来的中原文化、随着"海上丝绸之路"远道而来的外来文化、一海峡之隔的台湾文化与福建本土文化相互碰

漳州市华安县仙都镇二宜楼 / 曲利明摄

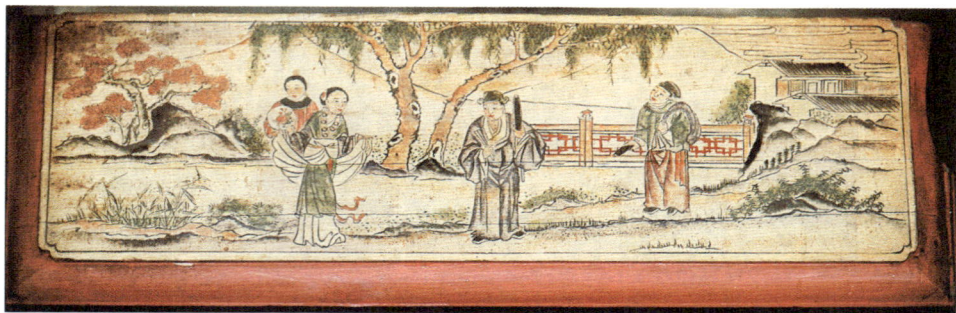

福建土楼建筑细节 / 曲利明摄

---

① 文云朝. 论福建侨乡优势与地缘文化［J］. 人文地理，1997（4）：29-34.

撞、相互交融，孕育出了福建开放包容的地域文化 ①。

从血缘上看，中国的宗族观念在很大程度上影响了聚落的发展演变。在中国传统社会典型的农村生活中，大多包含了家居、教育、祭祀三要素，而100年前的闽南人家已经在一个家族体制建设上完成了这样严谨精巧的布局构思，巧妙地结合了居住、家族教育系统、宗庙祠堂三位一体的生活模式，深刻地思考着如何繁衍家族、和谐共存。明清时期，福建地区的人们家族观念尤为显著，由于宗族势力大且管理严格，整个家族聚族而居，这也衍生出了现在一村一姓的现象。

正如《金翼》中所言，福建村庄中毗邻而居的人家，既是亲戚又是生意伙伴的关系 ②，在中国传统社会中，他们所居住、生活的房屋更像是将一个家族的人联合成为整体的媒介。

第二节　延平古村的秘密

延平区是福建省南平市下辖市辖区，位于福建省中部偏北。延平区的前身是原县级南平市，始建于东汉建安元年（公元196年），至今已有1800多年历史，是福建远古文明的发祥地之一，以"绿色金库""百合之乡"闻名于世。延平是一个美得令人心动的地方，被称为"小香港"。郭沫若曾经留下诗词称赞延平美景——"山围八面绿，水绕二江清"。延平人文底蕴深厚，素有"东南邹鲁，理学名邦"之美誉，是中原文化入闽的走廊和八闽文化发源地。风光旖旎的延平，孕育着12个国家级传统村落，散落着风情各异的古厝，与自然山水相映生辉。延平区的历史遗存年代跨度之久、存量之大在全省都具有代表性，这也是选择在这里开展古厝生态银行实践的原因。

① 封睿. 福建少数民族传统村落农业文化遗产旅游发展研究［D］. 南京：南京农业大学，2017.
② 林耀华. 金翼［M］. 上海：三联书店，1989.

国家级传统村落是住房城乡建设部、原文化部、国家文物局和财政部为落实《关于切实加强中国传统村落保护的指导意见》而评定的，主要任务是保护村落的物质文化遗产以及非物质文化遗产并对文化遗产进行合理的开发与利用，改善村内的环境与基础设施，为村落建立相应的保护机制、健全相关法律法规。国家会对评定的村落制定相应的发展规划并提供资金开展挂牌保护工作，并加强区域内管理的同时提供一定的技术指导。

首先，传统村落的评定保护了村落的完整性，不仅仅是村落建筑的完整保存，也是乡村及其周边环境的整体保护，保存一座建筑也是在封存整个村落的特定风貌与历史记忆。其次，传统村落的评定也是对文化遗产真实性的保护，严令禁止照搬照抄、改变历史格局结构的行为，尊重当地居民的生产生活，严格控制商业开发的规模。最后，传统村落要想得到真正的保护，不仅要尊重自然、保护生态、禁止过度开发，还要传承传统的文化与习俗，使村落发

延平区传统村落分布图

展得以延续。

从 2013 年开始，延平区有 12 个村陆续列入传统村落名录。第二批列入传统村落名录的是峡阳镇峡阳村；第三批列入传统村落名录的是茫荡镇宝珠村；第四批列入传统村落名录的有峡阳镇江汜村和巨口乡村头村；第五批列入传统村落名录的有樟湖镇剧头村，塔前镇莒上村，茫荡镇的际头村、聪坑村和三楼村，巨口乡上埔村、馀庆村及谷园村。这些传统村落均具有丰富的历史文化底蕴，承载着中华民族的文化、地域特色以及历代居民勤劳的智慧结晶，以下是对延平区国家级传统村落的相关概述。

一、巨口乡传统村落

村头村：村头村是南平市延平区巨口乡第三大行政村，被誉为老区村，民国年间全村抗击德化匪的惊天动地的故事发生于此，歌谣"德化土村头，被毙匪尸满河流"，就是自卫反击战胜利的真实写照，而今黄家大院尚存的炮楼、院内壁板上的枪眼弹痕，更是历史的见证。

巨口乡村头村

上埔村：上埔村旧属延平府管辖，居民为汉族，始祖约 1310 年从中原入闽，定居上埔，至今已有 700 余年历史。全村保存有 132 座具有闽江流域独特风格的"土厝"建筑群，有 25 座百年古厝，既有徽式建筑的特点，也有苏杭建筑的轻灵，村庄里至今仍保存着古老的青石板台阶和鹅卵石小路，具有浓厚的南方乡村特色。

巨口乡上埔村

馀庆村：延平区巨口乡馀庆村，始建于唐末五代年间，迄今已经走过一千多个春秋。馀庆村东与巨口员垱洲村接壤，西与太平镇九凤、际洋村交界。2018年，巨口乡馀庆村被评为国家级传统村落和省级特色旅游村。

谷园村：谷园村山峦拱卫，层峰叠嶂，田野广袤，现留有清代古建筑10多座，规模较大的有建于明洪武十三年（1380年）的吴家祠堂和清乾隆三十六年（1771年）的张家祠堂，保存较为完整的有清代古建筑旗杆厝，为典型的四

巨口乡馀庆村

巨口乡谷园村 / 王承旭摄

井横梁结构。另有《南平县志·名胜志》中记载的明代古墓和清代炮楼。

这些传统村落历经了几百年的风雨变迁，多有破坏，保护工作迫在眉睫。为了更好地保护蕴含着丰富历史文化的传统村落，使其在新时代重现往日活力，2018年延平区以入选国家农村综合性改革试点试验区为契机，积极响应南平市生态银行机制建设号召，选取巨口乡为试点地区。2018年10月31日，南平市延平区在巨口乡成立巨福旅游投资有限公司（简称为：巨福公司），开展古厝生态银行试点工作。巨口乡是古厝生态银行和农村综合改革试点试验区部分项目的实施平台，古厝生态银行承载着资源整合、项目实施、产业融合、资源信息管理、招商引资的功能。

二、峡阳镇传统村落

峡阳村：峡阳村是延平区峡阳镇政府所在地，位于延平区西北，距离南平城区48公里，与316国道一桥相连。峡阳古村落是闽江上游保护得最好的古村落之一，有1000多年的历史，其所在地峡阳镇也是福建省历史文化古镇。

峡阳镇峡阳村／陈妹摄

江汜村：江汜村位于闽江上游富屯溪畔，历史悠久，创建于唐朝，有1400多年的历史。江汜村古民居遗存丰富，至今仍完整保存有近200座明清建筑，主村以清代建筑为主，最突出的有清朝末期的"土库"建筑。

峡阳镇江汜村 / 龚宝辉摄

三、茫荡镇传统村落

宝珠村：宝珠村地处国家级自然保护区、省级风景名胜区茫荡山西侧，全村下辖大垄、小岩、外盖3个自然村，有302户，1200余人，拥有耕地面积2200多亩，山地面积32000亩。这里是中国传统村落、省级乡村旅游特色村，有"海西第一村""天上村落""高山上的明珠"之美誉。

际头村：际头村位于福建省南平市延平区茫荡镇内，拥有丰富的物产资料和悠久的历史文化传统，村民主要从事农业种植业，际头村在新农村新社区建设过程中取得了丰硕的成果。

茫荡镇宝珠村 / 师青平摄

茫荡镇际头村 / 师青平摄

聪坑村：相传本村在1374年由顺昌县高阳乡后堀大富村迁至而来，迄今640余年，由龙、凤两条小溪汇成平坦小坑，取名为"双凤坑"，后因子孙聪明而更名为聪坑村。农历正月廿四聪坑村有一个"添丁"文化节，相传有500多年的历史。

茫荡镇聪坑村 / 师青平摄

　　三楼村：三楼村是茫荡镇最偏远的村，也是三县（建瓯、顺昌、延平）交界的村，距茫荡镇政府 32 公里，海拔 620 米。近年来，延平区摄影协会基

茫荡镇三楼村梯田 / 师青平摄

地在三楼村成立，村部门前的一大片梯田是三楼村的独特风景，此外，村外的"红河谷"以及多处瀑布也是发展旅游得天独厚的优势，吸引了许多中外游客的到来。

四、樟湖镇传统村落

剧头村：剧头村曾叫剧峰、乔峰、梅花村，位于福建省南平市延平区南部，延平、古田、尤溪三界交界地，坐落于群山环绕之中，隶属于樟湖镇。村庄呈盆形状，有众多古民居和保留完好的明代建筑、石板桥等。剧头村保存有完整的古建筑群落，传统建筑成片分布，占村庄的面积95%。

漳湖镇剧头村／陈妹摄

五、塔前镇传统村落

莒上村：莒上村，隶属于福建省南平市延平区塔前镇。塔前有着光荣的革命斗争史，是南（平）、沙（县）、尤（溪）革命的发祥地，南平第一个农村党支部就诞生在塔前莒上村，为省定老区乡镇。1940年，中共党员余维新在此点燃了革命烈火，为中国的解放事业做出卓越的贡献。

塔前镇菖上村 / 师青平摄

第三节 巨口乡过去和今天

　　巨口乡地处福建省南平市延平区东南部，为延平区最偏远乡镇。武步溪横贯巨口乡全境，古时水路交通十分便利，经济繁盛。随着社会的发展，交通方式变迁，公路、铁路交通逐渐以其便捷性和安全性取代了传统的水陆交通，原有的水运交通优势消失，加之巨口乡位置的偏僻，导致其逐渐衰落。巨口乡东与古田县交界，南与樟湖、太平、洋后、赤门等乡镇毗邻，土地总面积136.01平方公里，辖区总面积114.7平方公里，地势平均海拔110米，森林覆盖率为79.29%，属于国家级"生态乡镇"。巨口乡历史积淀深厚，存有人文历史遗址20多处，共有11个行政村，现有中国传统村落4个，省级传统村落7个，有保存完整土厝建筑群的村庄10个，土厝600多座。下辖巨口、馀庆、谷园、岭根、田溪、上埔、村头、横坑、九龙、员垱洲、半岭11个村和

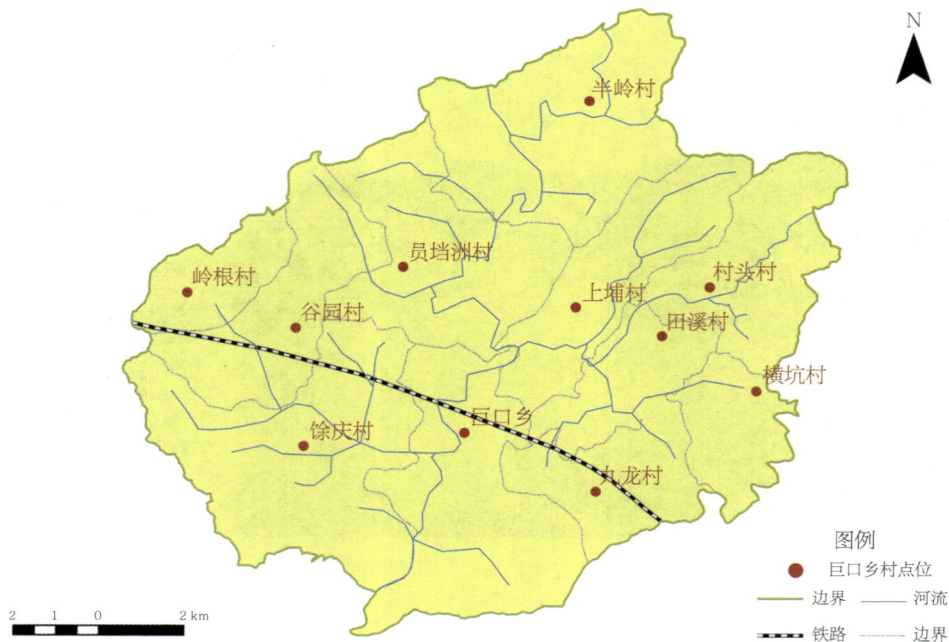

巨口乡行政区位图

28 个自然村，95 个村民小组，总人口 12493 人，户数 3413，其中城镇常住人口 2012 人，流动人口 113 人，以汉族为主。

一、生态巨口

巨口乡是武夷山脉、鹫峰山脉、戴云山脉的汇集地。全乡灌溉条件优越，有团结水库、洛阳水库、东坑水库等。海拔 110 米，气候温和，属温和湿润的亚热带季风气候，冬无严寒，夏无酷热，春早秋迟，夏长冬短，雨季明显，潮湿多雾，多静风。年平均气温 20℃，降雨量 1500 毫米，无霜期 290 天左右，年平均日照时数 1709.9 小时左右。受地势影响，气候垂直差异显著。土壤脱硅富铝化作用强烈，形成以红壤和黄壤为主的地带性土壤。

水力资源丰富，武步溪横贯全境，目前已建成长泉电站、浮峰电站、员垱州电站、赤岭电站、村头电站、洛洋电站六座水电站，总装机容量达17000千瓦，年发电量5800万千瓦时。

　　农业产业结构不断完善，重点发展烟叶生产、食用菌栽培、淡水养殖、槟榔芋种植等产业。烟叶种植面积每年稳定在1400亩左右，年创产值280万元，是增加农民收入的可靠保障；充分利用武步溪电站建设形成的水质优良、无污染的数千亩水面，着力发展淡水鱼养殖，形成特色产业；立足资源优势，推广种植以竹荪为主的食用菌1000多亩，槟榔芋种植面积1000多亩。

绿色巨口

巨口之路

巨口乡武步溪

孔蛇坂湿地（巨口乡生态水库）/ 黄庆铨摄

金秋时节

二、文化巨口

（一）名人文化

巨口乡文化底蕴深厚，自古以来人才辈出，曾出过明通进士、文武秀才、举人、革命烈士等历史名人，影响深远，其留下的家风家训、捷报、古诗词、壁画、旗杆等物质和非物质文化遗产价值不菲。

1. 古代名人

古代名人主要集中在以北坑村、村头村、半岭村、馀庆村、谷园村为代表的村落，其中，北坑村曾出过明通进士黄彤云，据《南平县志》载："乾隆癸酉乡试四十八名举人，甲戌会试赐明通进士，赴吏部柬选知县正堂。"但黄彤云终身并未出仕，撰修了流传至今的《黄氏族谱》。该族谱完整记录了黄氏家规，如孝友、教子孙、睦族、务学、力农、谨祀事、妇道、母仪等章节，还记录有黄彤云等四位才子对"北峰八景"的诗作。

村头村在清朝年间曾出过文武秀才杨光隋、杨世勇、黄贞隆，贡生黄元广，民国时期出过余东西团总黄利平，在解放时出过古田县水口区区长黄秀钦。

半岭村最具代表的便是郑氏家训。礼义廉耻、为人正直、诚实守信、温良俭让、遵纪守法、事国必忠、为国必廉、不近声色、不溺货利、治家勤俭等家训训言仍被郑氏子孙后代传承沿用，是良好家风的典型范例。

馀庆村代表人物为陈奕金、高镛。陈奕金为馀庆村驸马厝的原主，曾被招为驸马，官至银青光禄大夫。他在余西里风水宝地建起驸马厝，后陈家家道逐渐没落，在清乾隆年间，若洋"高百万"高秉亨父子不惜重金买下驸马厝，重新修建，为现存驸马厝。驸马厝还保存有一个书楼，曾经是高家学馆。据高家后人（清光绪拔贡）高镛《剑浦诗编》记载，乾隆初年进士黄彤云"曾馆于吾家，高朝凤（忠亮）为其入室弟子"，意思是黄彤云曾经当过高家的私塾先生，高朝凤是他学生。高朝凤后为贡生、进士（高家立有功名杆）、武略将军。

巨口乡馀庆村驸马厝

他的同胞兄弟高起凤也是贡生。兴办家学并聘请名师等举措，说明了当时高家不仅财力雄厚，还极度重视教育。《剑浦诗编》还记载了高鉴余（贡生）年近六十岁，携儿子高抡元、孙子高镛（贡生）子孙三代人同到省城参加科举考试的盛况。据高家族谱记载，高家有进士2人，贡生4人，举人2人，由此可见，高家不仅是商贾之家，更是书香世家。

谷园村最为有名的是进士院旗杆厝出的清乾隆庚子科进士。进士第旗杆厝由肇和公所建，为三进三厅六扇雕梁画栋之民居。右边建一所私塾和一块石条铺就的大坊。和公子孙济川生有四个儿子，二儿子遇时为清乾隆庚子科进士，其族人为庆盛事，在祖祠前竖立一对木旗杆以彰其志。房门前挂一赐匾"文魁"。后遇时公再生二男，由于房少人多，续建一所二厅三式两厢房一座，临街盖一所杂货铺，号"钦和店"。

2. 近代革命人士

近代革命人士主要会集在以横坑村、田溪村、九龙村、上埔村、巨口村为代表的深山中的革命老区，留下了革命烈士誓死保家卫国、同国民党反动派斗争的英雄事迹和难能可贵的抗战精神。

以九龙村的革命人士为例。在土地革命时期，九龙村曾是红军队伍驻扎的地方，红军战士与当地村民结下了深厚的感情。村民节衣缩食为红军衣食住行提供保障，红军为了保护群众生命财产安全，在村的制高点位置构筑工事、建炮台。炮台位置背靠九龙山，东望横坑、田溪方向，北眺巨口，南望南坑方向，战略地位非常重要。建立的一座座炮台互相呼应，传递信息，联手制敌，

错综复杂的巨口古厝 / 张龙华摄

数次击退了国民党部队和土匪、山贼的攻击，有效地保护了群众生命和财产安全，留下了与敌战斗的红色遗址。在抗日战争时期，时任闽北抗日游击队纵队司令叶飞将军在九龙村笔架山上建立了一支抗日游击队伍，并建立了九龙村抗日根据地。九龙笔架山地势险要、易守难攻的天然屏障，为游击队休整、补充创造了有利的环境条件。游击队为了便于工作开展，直接和省委取得联系建立秘密联络通道，村民为游击队送去衣物、大米、蔬菜等与游击队并肩作战，为抗日战争做出了很大贡献。

巨口村油坊厝是由樟湖陈氏迁徙至巨口所建，至今约170年历史，它不仅是一个具有红色意义的建筑，更是巨口历史的见证者。中华人民共和国成立初期，为二十八军和三十二军剿匪部队驻地；土改时期，是巨口土改工作组驻地；人民公社时期，在油坊厝成立了最早的巨口公社，直到公社新建办公地点才搬离；此外，油坊厝还是最早的巨口粮站所在地。

（二）传统节庆

半岭村有庆卢公生日的传统习俗，卢公是佛教人物，诞生于农历二月十九，在每年的这一天中，全村老少都要吃斋敬佛，村中富人邀请戏班子义演，邻村村民也前来观赏，场面十分热闹。员垱洲村有三月初三玄帝庙庙会。谷园村有元宵节游龙灯、农历二月廿八纪念伏虎将军、农历七月廿七泰山拳王

传统非遗节庆活动

传统非遗节庆活动

庙会。横坑村有祭拜齐天大圣寿辰。九龙村有农历十月廿七齐天大圣庙会、农历七月廿三张圣君庙会。传说在农历四月八，有天皇三太子华光大帝为巨口村四处请戏，丰富了巨口村民的传统文化生活，为纪念华光大帝的贡献，巨口村民在他的生日农历四月初八办戏、办庙会。上埔村有潘公庙庙会，每年正月初九举行庙会游街活动。田溪村有舞"板凳龙"、三月初八祈福庙会、八月祭祖活动。馀庆村有迎佛事活动。

这里主要介绍馀庆村的传统节庆。馀庆村是巨口乡第一大行政村，曾经使用过馀庆、慕亨、慕坑村名。历史上作为馀庆里驻地、官道经过地，这里建有含清寺、含兴寺、夫人宫、夫人殿和连公殿，经济繁荣，文化影响深远。馀庆村最为著名的是迎佛事活动，一般是在农历正月十一至十五举行，由当地人将佛像抬到本姓的各家各户门前，户主摆上供品，点燃香火，燃放鞭炮以图吉利，并请佛神保佑阖家平安，万事如意。除此以外，还有元宵节晚游龙灯（竹排灯）的习俗。农历八月初一至十五祭扫祖坟，称"照墓"：祭扫这天，各家老小带上香烛、纸钱、鞭炮、锄具、"三牲"酒礼等，先将杂草锄干净，再在坟头上摆上三牲酒礼，上香朝拜，烧化纸钱，再放鞭

传统抛绣球节目／詹国兵摄

传统抛绣球节目／詹国兵摄

炮，并在文顶、坟肩用石块压上纸钱。农历八月十五日中秋节：家家户户购月饼，向长辈馈赠月饼，中秋晚宴十分丰盛，气氛融洽，一家共同赏月；有的小孩、青年去抱南瓜赠送给当年刚结婚的人，以祝来年生下贵子。当地人为了表达对祖先和名人先师的崇拜敬仰，祭祀扫墓、上香朝拜；为了避邪攘灾、卜算吉凶的虔诚期待，游佛敬神、祭拜神灵。在馀庆村，许多民俗信仰又是宗教信仰，两种信仰在这里有了重合和交叉。村民在神殿寺庙或祠堂祖屋这一类公共活动区域举办祭祖敬神活动，其实也是民俗文化的一次集中大展示，村民以举办隆重仪式来敬神祭祖，表达他们敬畏神灵、感恩祖先的率真质朴之情。

（三）民间文艺

巨口乡各村仍保留民谣、闽剧、剪纸等传统民间文艺，代表性的有《红裙记》《西厢记》《钓鱼郎》方言民谣，《李闯王》闽剧等。

《红裙记》讲述的是书生王成龙嗜赌败家，将其妻柳氏的最后一条红裙也输于赌场。柳氏怒夫不器，严辞相责，王万般窘迫之下投水闽江，幸被救起，后避走长安。柳氏以为丈夫葬身江流，守节抚子，艰难度日。十三年后，已入赘长安许家的王成龙奉命回榕经商，在吴二伯船行，偶遇王达官卖饼，知其为亲生骨肉，不胜感慨。达官为谢王成龙赠银，于"亡父忌日"在家宴请王成龙。王成龙来到故宅，物是人不非，死别又重逢，感慨万端，去留无计。思虑再三，他觉得自己已负柳氏，不可再负许氏，遂以房契一张、白银千两、红裙一条，留与柳氏母子作为补偿，含泪扬帆而去。而知悉了实情的柳氏奔赴江边，苦苦挽留，继而想到自己的失去，正是他人的所得，最终选择了放弃和宽容。这部闽剧传唱百年，故事虽多次改编成不同版本，但基本情节大同小异，都让无数人唏嘘、感慨，也让观众回味深思。

（四）美食文化

巨口乡主要美食有茶籽油饼、蛋燕、九层粿、旺仔糕等，独特的地方食材和烹饪工艺，汇成了当地极富特色的美食文化。

茶籽油饼。茶籽油饼主要原料有茶籽油、面粉，先将茶籽打碎，经过干蒸、压榨等工艺，可制成茶籽油。在锅里倒入油，烧至六成热后把浆装入圆铁勺内，摊平，放入油锅中炸至双面鼓起，待油饼呈金黄色时捞起，质地柔软味道醇香。

蛋燕。蛋燕是巨口乡地道的风味小吃，成为当地人逢年过节必不可少的一道菜。蛋燕做法诸多，可蒸、煮、炒，"炒蛋燕"的做法备受欢迎，起热油，将生蛋下锅，配花甲、黑木耳、鸡蛋、冬笋、蘑菇、肉丝等材料翻炒，口感滑溜，弹性十足，入口难忘。

九层粿。九层粿有"层层登高"之意，寄寓美好，蒸熟后层数多，叠起来像本书，故名"九层粿"。

旺仔糕。旺仔糕主要由荸荠制成，具有保护牙齿、健全骨骼发育等功效，可促进人体内的糖、脂肪、蛋白质三大物质的代谢，调节酸碱平衡。

三、多姿古厝

巨口乡现有国家级传统村落 4 个，分别为村头村、上埔村、馀庆村和谷园村，省级传统村落 7 个，分别为九龙村、田溪村、巨口村、岭根村、半岭村、横坑村以及员垱洲村。

巨口乡的土厝历经明、清、民国和中华人民共和国成立初期集聚形成，最早的土厝建于明永乐三年（1405 年），留存着数量众多、价值独特的古民居、古遗存、古村落。据考察，全乡存有历史人文遗址 20 多处，其中保存完整土厝建筑群的村庄 11 个，土厝 600 多座。600 多座土厝里，拥有明清古厝 102 座，其中有 8 个村庄有完整古厝建筑群，主要分布在九龙村、上埔村、谷园村、村头村。其中九龙村 100 多座、谷园村约 71 座、村头村共有 160 多座。

（一）谷园村——土木混合结构

谷园村土厝群集中连片分布，现存清代古建筑 10 余座。土厝群主要为方楼，就地取用生土、木材、鹅卵石等材料，建筑节约、坚固、朴实，冬暖夏凉，老少宜居。村内多数民居建筑采用木构架承重结构，用砖石或生土围护。承重木构架通常为穿斗式木构架或抬梁式木构架或两者混合的构架形式。以旗杆厝为例，其主厅堂为获得大空间和装饰效果，通常采用抬梁式木构架，次厅堂则采用穿斗式木构架。大部分建筑都会采用芦苇秆或者竹片编织成格堵板装配墙面，然后用稻草黏土浆打底，最后用白灰砂浆抹面的做法来装饰墙面。

1. 旗杆厝

旗杆厝始建于明末崇祯年间（1628～1644 年），由肇和公所建，为三进三厅六扇雕梁画栋之民居，分为前埕、正厝和左护厝。建筑物构成以木构穿斗抬梁和斗拱挑檐相结合，主体构架原貌特色完好保存。门面青砖砌就，厝前立有一对石旗杆，建筑构件雕绘工艺精湛、装饰华丽精美，地方特性极显突出。

谷园村旗杆厝

2. 后凤里厝

后凤里厝位于谷园村，始建于明成化年间，为吴氏（华房）祖厝，因整体结构形似凤凰而得名。该厝曾出过明嘉靖年间吴钰、明万历年任例参军徵仕郎吴三让、清乾隆四十五年（1780年）进士吴遇时等名人。原厝因年久而破败，后1980年于旧址再建，现该厝为闽东风格古田式民居。

3. 林厝埕

位于谷园村，始建于宋。后因失火损毁，于清乾隆壬辰年（1778年）由张氏重建。该厝为一座三厅六扇明式风格住房，大门建造成八字。此厝为革命烈士吴继福（1951～1973年）出生地。

（二）馀庆村——土木厝结构

馀庆村现留有清代古建筑10余座，如保留较完好的省级文保单位——高家的驸马厝，陈家的上等厝、洋墩厝，若洋自然村的高氏祖厝等。此外，村内还有多座土厝、木厝。建筑为四合院带天井双护厝格局，外围夯土筑墙，厝内木构建筑，主房一进两厅分为前坪、上厅、后堂，屋顶采取三段式构造，中间

林厝埕

高两侧低小迭落手法，脊部采用燕尾构造。墙头装饰以闽南及南洋建筑风格为主，房内使用木雕，地面铺设石板。规制较高的房屋在主厝旁另建有辅厝（护厝），驸马厝更是有前后两厅，后侧另有后堂。

巨口乡最著名的土厝为驸马厝。始建于唐末五代十国，为驸马银青光禄大夫陈奕金所建。后在清乾隆年间，若洋"高百万"高秉亨父子，用重金买下驸马厝，重新修建，并扩建为大厝即现存"驸马厝"。现存驸马厝占地面积 3.6 亩，建筑面积 2000 平方米，为清代建筑风格。该厝主房为九架穿斗抬梁混合式结构，坐北朝南，四面风火墙，前为矮照壁，门开右侧。一进两厅（前坪、上厅、下丁、后堂），旁房（横楼）有两房两厅一坪，共有九座房屋。门前立有木旗杆，分别刻有"道光甲午科中式""举人高鸿立"字样。走进厝内，犹如步入古代石材展览室，每座屋的门槛上、台阶上、柱垫和生活用具上都有精美的石雕、石质品，厝内墙壁绘有山水人物图样，翘栋塑有鸟兽飞禽，梁框门栏刻有花纹，整座建筑设计合理美观，防火防盗布局科学严密，有较高的人文历史价值。驸马厝讲述了陈驸马修造官道、办善事却被小人陷害含冤受死，皇帝悔悟后将其厚葬的故事。目前，驸马厝已流转给南平市巨福公司修缮，开拓

馀庆村驸马厝

驸马厝建筑细节

为集展览、休闲、体验等功能于一体的建筑。

（三）巨口村——石厝结构

油坊厝位于巨口村，始建于清咸丰年间，历经清代、民国、中华人民共和国三个时代。由清代贡生陈彦昊所营建，因与油坊相邻，故名油坊厝。距今已有 160 多年历史，面朝武步溪，历数年修建而成高墙大厝。厝内共有三进两天井九十九间，占地面积 3800 平方米，由正厝与横厝两部分合成，为典型闽中民居。正厝、横厝、双过水，规模宏大，建构考究，雕刻精美、泥塑称绝。从油坊厝大院正面的马头墙上观看，正厝高于横厝一米多，马头墙内建筑采用木雕刻工艺，横厝略胜正厝，由此推断横厝先建，而正厝后建，横厝是陈氏在巨口的开基祖宅。仰视采用浮雕、镂空雕、透通雕等木雕工艺的横厝梁枋、雀替，可以看到雕刻的花鸟鱼龙，应有尽有，且动物姿态生动，神态逼真，植物巧夺天工，栩栩如生，寓意深邃。

油坊厝作为一座公共设施服务建筑，如宗祠、庙宇一般，它的一砖一瓦、一梁一柱、一雕一画无不凝聚了先祖们的心血，体现了以村落为单位的自给自足。各种雕刻内蕴深厚，寄托着对后代子孙们的殷切期望，也护佑着子孙们平安幸福。

巨口村油坊厝

（四）九龙村

1. 古厝群

九龙村土厝群亦称黄金厝，主要材料为土，在五行中太阳属火，火能生土，土能生金，寓意生生不息，天理循环。黄金厝依山而建，层叠有序，在阳光照耀下，金光闪闪，熠熠生辉。黄金厝坐西朝东，道家讲紫气东来，开门即能引入东方祥瑞之气，所以在风水学看来，"临眺紫气"的东窗具有吉祥之意。敞开东窗，祥瑞吉气，源源不断，使得家运生生不息。

2018 年，在上海阮仪三遗产保护基金会与南平市延平区人民政府联合组

巨口乡九龙村

九龙村"黄金厝"

织、中法志愿者的参与、当地工匠指导下，对九龙村古厝进行修缮、修复。

2. 文魁厝

位于九龙村，有 400 多年历史，占地面积约 300 平方米。房屋分为下院、大厅、后院。文魁厝人才辈出，授持过清道光皇帝赐的文魁与武魁牌匾。

（五）岭根村

黄彤云故居位于巨口乡岭根村北坑自然村，全村均为黄氏后裔。北坑古厝多为边旁进出，大门与正厅之间呈曲线，门厅正方有照壁，大门外有照墙。明通进士黄彤云三次弃官不任，隐居山里办书斋、课弟子，造福乡里。黄彤云故居中保留了当年黄彤云办公的上官厅与下官厅及书斋。黄彤云故居在修缮后将作为孝廉文化馆使用。

（六）北坑村

下新厝位于北坑村，建于光绪年间。其天井由两个石条平台组成，建有观景台接待厅。据传，下新厝主人精通八国语言，曾在福州、泉州等沿海地区做翻译，挣下资产，返乡营造这栋北坑最大的房子。目前，下新厝仍住着 2 户

北坑村古厝群

人家，厝内保存完整的文物、精细的建筑构件，仍显当年繁华的样貌。

（七）村头村

杨世勇公大厝建于明末，位于巨口乡村头村，为文武秀才杨世勇的故居。该厝呈现土木结构，为三进二层的传统楼房，占地面积约 1600 平方米，建筑面积约 1500 平方米。

（八）上埔村

旗杆厝宗祠位于巨口乡上埔村，建于清乾隆年间，占地面积 3000 多平方米。旗杆厝坐北朝南，主体由正厝、横厝以及门亭三部分组成，为土木结构。旗杆厝门前广场立有彰显功名的旗杆碣，高 9 米，后因国家征用拆除，2017年时修复。

巨口乡古厝类型众多，形态各异。有像旗杆厝、林厝埕这样就地取材以

村头村

上埔村

土木混合结构为主的古厝；也有像驸马厝、逢政厝这样带有南洋建筑风格的土木厝结构的古厝；还有像油坊厝这样带有闽中地域特色、雕工精美石厝结构的古厝以及九龙村这样以土为材、错落有致的古厝群。这些表现着不同时代建筑风格、历史故事与乡村风貌的古厝，是对宗族传承、时代变迁、乡村发展的重要记录。古厝这笔宝贵的财富不应因无人问津而随着时间推移衰败，也不应让如此珍贵的旅游资源就此埋没于田野山间。

第四节 古厝新用

优质的古厝资源为延平区巨口乡发展乡村旅游奠定了坚实的基础，但想要将这份传承已久的人文、自然资源利用起来，成为当地人民致富的重要途径，却面临着资源难以向资产、资本转化的现实条件的掣肘。

首先，是在保护古厝过程中遇到的问题。巨口乡大多数古厝从明清修建至今已有两三百年的历史，建筑本身随着岁月的侵蚀出现了老化的情况。由于社会经济的变革导致人们过度重视经济的发展而忽视了对古厝这类建筑遗产的保护利用，致使其老化现象加剧。此外，古厝建造初期规模较大，只有定时进行修缮及专人维护才能使其长久保存。然而，由于现居在古厝内的普通居民大多不具备专业修复知识和技能，难以凭借自身力量完成古厝的修缮保护工作，很多时候会罔顾建筑结构的特性而进行操作，造成二次破坏。再者，由于农村基础设施建设及发展条件有限，人才外流现象成为常态，难以形成专业人员队伍对古厝资源开发利用予以支撑。

其次，对古厝保护也理应重视其周边环境。古人讲求天人合一，注重人与自然和谐相处，因而建厝时不仅会考量当地的民俗风情、人文历史，也会考虑是否与周边的人文生态环境相协调。随着时代的变迁、经济的发展等诸多因素变化，人们逐渐意识到保护建筑遗产的重要性。然而，对建筑遗产周边环境的整体性保护意识仍有待加强。党的十八大以来，习近平总书记提出"山水林田湖草是生命共同体"的论断，强调"统筹山水林田湖草系统治理""全方位、全地域、全过程开展生态文明建设"。古厝建筑的独特性与当地地理环境及人文环境的特性密不可分，因此，对古厝及其周边环境进行整体性保护，才能使历史悠久、底蕴深厚的古厝建筑长久保存。

再次，古厝开发利用过程中存在一些难题。一是房屋产权主体分散模糊、归属不清，主要是因为古厝最早的房屋所有者早已谢世，后代子女或成家或远居海外，有些古厝甚至被当作了办公和商用的场所，房屋产权的历史遗留问题一直悬而未决。二是没有构建多元利益主体协同治理机制。虽然目前传统村落保护中对物质空间和文化价值的整体性维护已经得到社会各界的普遍认同，但当地政府及有关单位、居民、古厝使用者及外来投资者之间权责不明，各方利益主体为了追求己方利益而忽视他方主体利益，致使古厝保护与利用工作效率低下。

复次，是关于古厝文化历史传承的问题。古厝是文化与艺术的结合体，也是历史的载体。习近平总书记曾谈到要让广阔大地上的文化遗产活起来，要像爱惜自己的生命一样保护好历史文化遗产。然而，古厝的逐渐消弭，使得文化多样性减少，无论是对古厝的发展还是对中华文明的传承来说，都是难以磨灭的伤害。因为缺乏有效的宣传，古厝本身丰富的历史文化底蕴养在深闺人不识，也就无法提升古厝知名度，形成品牌效应，通过品牌宣传推动古厝高质量发展。因而让更多的人了解古厝、认识古厝，对古厝的保护与传承至关重要。

最后，是古厝如何实现可持续发展的问题。巨口乡面临着中国农村发展过程中的普遍问题：乡村空心化、财政收入匮乏、造血功能不足、经营粗放以及发展后继乏力等。追根溯源，除了缺少资金，其核心问题还在于巨口乡长期落后的小农经济加之产业发展过程中缺少系统专业的指导，导致现有古村落、古建筑资源资产利用率低。要找到适合古厝资源开发利用的渠道，便要在合理利用有限资金的前提下，充分挖掘运用古厝资源，盘活闲置资产，增强乡村造血功能。

习近平总书记曾提出要坚持农业农村优先发展，加快乡村振兴战略的步伐。农村是中国现代社会的稳定器与蓄水池，也是能够铭记历史沧桑、看见岁月痕迹、留住文化文脉的地方。巨口乡跟随乡村振兴战略的步伐，积极探索乡村振兴的创新道路，在保护的同时深入挖掘古厝建筑遗产的文化内涵和时代价值，促进古厝的创造性转化及创新性发展，使得古厝在保护的前提下得以利用开发，也因此才有了巨口乡"古厝生态银行"的创新模式，点厝成金，让古厝之光绽放于华夏大地。

第二章

生态银行
善用古厝

绿荫深处有人家 / 罗南军摄

古厝要保护下来，更要让它活下来。

习近平总书记曾说"人不负青山，青山定不负人"。为了践行习近平总书记"绿水青山就是金山银山"的生态文明理念，不断拓宽生态产品价值实现的路径，提供更多优质生态产品满足人民日益增长的美好生态环境需要，古厝生态银行通过复活传统古村落、整合农村闲置资产与优质生态资源，推动古村落的整体性保护与开发，发展生态旅游与乡村旅游，培育绿色转型发展的新业态新模式，加强生态产品的经营与开发，探索出了一条可持续的生态产品价值实现路径。

第一节　生态银行

长期以来，我国在经济发展时期对环境要素考虑不充分，加之生态资源的浪费和不合理利用，导致生态环境被破坏、生态资本存量减少，严重影响了国民经济和社会可持续发展。党的十九大把生态文明建设提到前所未有的战略高度，特别是把"绿水青山就是金山银山"（以下简称两山）理念写入党的十九大报告和党章，成为党的重要执政理念。

"两山"理念揭示了人与自然、经济发展与环境保护之间的辩证关系和内在规律，运用生态学理论系统考虑社会经济发展的宏观战略，确定自然资源和生态系统的承载能力，综合考虑产业发展布局与开发强度，因地制宜地确立国土的总体安排，具有重大的理论价值和实践价值。因此，如何践行"两山"理念这一科学论断，探索"绿水青山"转化为"金山银山"的路径，是生态文明建设的重要任务。

在"两山"转化过程中，需建立资源、资产、资本转化的制度安排和转化机制，但在"三资"转化中仍存在一些"瓶颈"。

一是自然资源碎片化的问题。山水林田湖草是一个生命共同体，生态系统需要整体经营才能发挥其最大价值，但目前我国资源使用权分散，生态资源经营难以形成规模效应。"土地承包到户"的家庭联产承包制和"林权均山到户"的集体林权改革政策在调动农民积极性的同时，也导致了生产资料和生态资源碎片化问题。随着城市化进程的逐步推进，农村人口大量流入城市，农村土地撂荒、林地失管的现象普遍存在，使得土地、林地资源的规模效益无法充分发挥，亟须集约化生产方式去经营管理"绿水青山"这个自然综合体。

二是生态资产产权交易制度尚未建立。由于缺乏确权和评估定价的机制，分布在广大农村的生态资源资产存在产权不清、定价混乱、缺乏合规性等问题，导致资产无法在公开市场交易，社会资本参与乡村生态资源开发的动力不

巨口乡月亮湾 / 吴家庭摄

足，农民一旦失去劳动能力就没有收益，自然资源资产所有者权益缺乏变现通道。

三是资本进入生态建设领域缺乏顺畅通道。由于生态资源、资产及生态建设成果缺乏评估、交易、定价等机制，生态资产交易缺乏法律保障等，导致资源所有权效应无法发挥作用。因此如何把分散化的使用权信息纳入一种制度中，将生态资源资产从财务、金融学的角度给予财富属性的认定，建立信用体系，从而为生态建设打造财务可持续及金融可支撑的机制，推进资源产权的市场配置和有偿使用制度，这是生态文明建设必须回答的问题。

2021年4月26日，中共中央办公厅、国务院办公厅印发《关于建立健全生态产品价值实现机制的意见》，从"拓展生态产品价值实现模式""促进生态产品价值增值""推动生态产品权益交易""完善纵／横向生态保护补偿机制""加大绿色金融支持力度"等方面擘画宏伟蓝图，提出生态产品价值实现机制的顶层设计。

生态银行是为探索出一条市场化、可持续的生态保护补偿和生态产品价值实现的创新路径、实现"两山"转化与乡村振兴而提出的。它从"两山"转化过程中遇到的"瓶颈"出发，通过搭建一个围绕自然资源进行确权、管理整合、转换提升、市场化交易和可持续运营的平台，来运营管理生态资源的"权"与"益"，解决了资源变资产成资本的问题，打通了生态产品交易的三个重要环节，是生态产品价值实现市场化的创新机制。

一、生态银行是什么？

生态银行并非真正意义的银行，而是一个生态资源价值实现和转化的平台，通过借鉴银行分散化输入和集中化输出的特征，将零散、碎片化的生态资源通过租赁、转让、合作入股等市场化集中化收储、规模化整治，提升成优质资产包，再引入、委托和授权专业运营商导入绿色产业、对接市场并持续运营，实现生态资源的价值增值和效益变现。

二、生态银行的功能是什么？

生态银行的功能定位包含六个方面：整合、修复、创新、交易、融资、运营。它在保持生态系统价值的基础上，通过搭建一个自然资源资产运营管理平台，将零散的生态资源集中化收储和整治成优质资产包，对接金融市场、资本市场并引入市场化资金和专业运营商，从而将资源转变成资产和资本，创新多主体、市场化的生态产品价值实现机制。

三、生态银行经营什么？

生态银行的运营对象包括山、水、林、田、湖、土地、农业等生态资源和生态产品，以及具有利用价值的文物、古民居、遗迹等文化资源及非物质文化遗产等。生态银行运营的是生态资源的权益，是绿色产业和分散零碎的生态资源资产之间的资源、信息、信用三重中介平台，通过对生态资源的重新配置和优化利用，为资源资本化搭建起中介平台。换句话讲，生态银行运营管理平台通过对生态资源的重新配置和生态资产优化利用，为资源资本化建立媒介，提供了一个多主体协同治理的可持续发展体系，是"政府主导、市场化运作"的资源资产权益整合方案，从而不断推进生态产业化和产业生态化，是促进乡村振兴和乡村协同治理的重要抓手。

四、生态银行运营主体有谁？

生态银行是一个由多元主体组成，需要高度配合、分工合作的运行体系。各个主体所处的地位、拥有的资源、在项目中的职能都不相同，需要构建优势互补、职责明确、权责一致、激励相容的职责体系，从而共同推进生态银行的实施。

一般来说，在生态银行的架构中，政府的职责包括：发起成立生态银行，全面负责生态银行的顶层设计和全程把控；积极争取上级政府和政策支持，打造平台，编制组织架构，吸引人才，加强能力建设；积极推进生态资源的确权登记和三权分置改革；制定生态银行交易规则和运营机制；加强监管，切实维护公共利益。

运营商的职责包括：负责细分产业的运营，盘活资产，促进生态资产保值增值，同时获取合理收益；负责通过市场化融资，筹集产业运营所需要的资金；在符合条件的前提下，尽可能雇用当地农民和居民就业，积极为当地培育专业人才队伍。

金融机构的职责包括：负责提供资金，获取合理收益；通过尽职调查对所投项目进行研判，对风险进行防范。

五、生态银行由哪几部分组成？

生态银行主要由专家委员会、大数据中心、收储中心、资产评估中心、研发中心、交易中心、风控防控中心等部门组成。专家委员会负责宏观指导和技术把控；大数据中心利用遥感、区块链等高科技进行精准把控；收储中心主要是对相关自然资源进行流转和收储；资产评估中心会聘请第三方机构对资源进行资产价格评估来定价；研发中心负责产品的设计以及操作流程的确定；交易中心会对打包后的资源通过公开竞争的方式进行市场化交易以实现资源开发与利用；风险防控中心是对以上过程可能存在的风险进行动态监控和评估。

六、生态银行解决了什么？

生态银行还破解了生态资源价值实现的"四大难题"：一是资源分散难以统计。自然资源调查和确权的基础工作不完善，导致家底不清、权属不明；所有者权益内涵不明、权益缺位，导致我国资源的所有权实现很不充分，资源市场缺乏竞争性，资源价格体系不合理。二是碎片化资源难以聚合。资源分散、权属复杂等问题导致山、水、林、田、湖、草等自然资源缺乏系统性保护与利用，无法发挥其规模效益。三是优质化资产难以提升。由于自然资源科学的评估定价体系尚不完善，所以无法将山、水、林、田、湖、草等作为共同体来系统考虑其价值，没有体现出自然资源的生态服务功能价值。四是社会化资本难以引进。市场主体参与度不高，产业资本很难进入，外来主体开发时与所有权主体沟通、交易的成本过高[①]。

第二节 古厝新生

生态银行"存零取整"的模式，是否可以应用于延平地区的古厝？延平区依据生态银行理论，因地制宜地探索出了具有当地特色的古厝生态银行模式，即通过组建古厝生态运营中心，梳理整合闲置古厝资源和优质生态资源，引入金融机构创新合作模式，用有限的财政资金撬动社会资本和民间力量参与，以艺术介入形式，唤醒和激活乡村活力，赋予闲置古厝及生态资源以新价值，将原本沉睡的乡村资源有效转化为资产、资金，为保护开发蕴含传统文化基因的静态古厝资源开辟了有效路径。古厝生态银行模式使无人问津的古厝焕发出新的生机，对古厝本身乃至整个村落的发展都产生了深远的意义。

一、文化传承的主引擎

古厝生态银行的发展模式让深藏在古老建筑内部的文化活了起来，巨口乡经历的历史沧桑、见证的岁月留痕以及留存下来的文化根脉，都在不断绽放

---

① 崔莉. 南平"生态银行"：打通"两山转换"新通道［J］. 决策，2019（11）：60-62.

竹竿舞 / 陈妹

新的光彩。首先，古厝生态银行在发展的过程中深入挖掘文化和自然遗产的深层内涵和时代价值，让巨口乡在文化传承过程中仍不失其本色。同时，着力拓展古厝生态银行外延，以"乡村艺术季"活动为载体，深入挖掘乡村特色文化符号，探索实现乡村品牌化发展，配以有效的宣传集聚社会人气，提升古厝的知名度，使古厝虽"养在深闺"但闻名遐迩，由此吸引更多的人走进乡村、了解乡村，促进了优秀传统文化创造性转化、创新性发展，促进了新时代下延平区文化遗产的活化保护和经济社会协调发展。其次，巨口乡传统文化在当地村民的心中已刻下深深的烙印，薪火相传生生不息。在新时代背景下，传统文化与现代文化之间存在着隔阂与壁垒，为现代文化注入巨口乡增添了困难。古厝生态银行的实践保护了巨口乡古村落建筑，满足了当地居民突出地方特色、还原人文风貌、留存乡土记忆的需求，并在此基础上不断创新，促进传统文化与现代文明有机融合，为古厝蕴含的文化价值注入新活力、新生机。对古厝建筑遗产保护的同时也是对过去千百年来文化的继承和弘扬，要让古厝在中华大地上活起来，就要从实际出发，推动乡村历史文化、民俗文化、生态文化动态发展，这在新时代建设社会主义文化强国以及推动文化的大发展大繁荣的时代背景下意义深远。

二、生态文明的主抓手

习近平总书记提出的"绿水青山就是金山银山"是引领古厝生态银行发展的重要指导思想。党的十九大报告指出"建设生态文明是中华民族永续发展的千年大计"，在生态文明建设上，我们要打造生态环境保护的制度屏障，促进人与自然和谐共生。农村是人与自然关系最密切的区域，是我国生态文明建设的主战场，农村生态文明建设是我国生态文明建设的细胞工程。习近平总书记提出的"山水林田湖草是生命共同体"的系统思想，要求我们树立生态治理的大局观、全局观，要知道牵一发而动全身，无论是哪个环节出了问题都可能

生态巨口

对生态环境大局造成影响。过去巨口乡的各部门交叉管理导致资源利用的碎片化，再加上粗放的生产和经营方式，当地意识到生态环境保护重要性的居民寥寥无几，导致古厝本身以及周边地区面临日益严重的生态环境问题。然而古厝及其周边环境相互依存、不可分割，一处生态环境变化会对周边的人文环境产生极大的影响，因此生态环境的整体性保护尤为重要。

古厝生态银行具有分散化输入与集中化输出的特征，将零散、碎片化的生态资源通过租赁、转让等方式市场化集中化收储，进行规模化整治，是巨口乡生态环境整体保护的有力武器。通过规模化运营和专业化开发统筹相关资源，细致规划生态文明建设的整体思路，在对古厝资源进行保护开发的同时也把周边人文环境的整体协调利用摆在举足轻重的位置，在生态治理过程中以系统思维考量、以整体观念推进，统筹兼顾、整体施策，使各方参与主体的活力得到激发，不仅促进了巨口乡生产力水平的提高、经济的可持续发展，也使巨口乡历经岁月更迭、风雨沉浮的古厝建筑遗产得以代代相传，同时建设绿水青山能促进经济与生态环境有机共生、人与社会和谐相融，将巨口乡打造成经济、社会和环境全面协同永续发展的文明新农村。生态保护功在千秋、福泽万代，古厝生态银行的方案与做法，为资源、资产、资本三者间架起了转化的桥梁，为乡村振兴引入金融活水，也为全国其他地区提供了可以借鉴的经验，创造了生态产品价值实现与"两山"转化的"巨口模式"。

三、乡村振兴的金钥匙

巨口乡要想实现乡村振兴，要始终坚持以习近平新时代中国特色社会主义思想为指引，建设产业兴旺、生态宜居、乡风文明、治理有效、生活富裕的美丽乡村，走生态优先、规划合理的可持续发展道路。古厝生态银行模式的运用，对巨口乡乡村振兴产生了重要的实践意义。

一是推进产权制度改革。市场机制要想长效运行，产权明晰是必要前提，产业的可持续发展必须以完善的产权制度为基础。古厝生态银行对巨口乡四分五落的资源进行了系统化的梳理与整合，明确产权主体，加快对相关资源的统一确权登记工作，绘制形成资源资产"一张图"，使古厝等相关的所有权主体得到明确，划清各类资源所有权、使用权的边界。同时结合巨口乡当地的资源优势，推进集体资源资产股份制改革，将资源通过股份制的形式入股到巨福公司，统一管理和经营，对分散的古厝资源进行了有效的整合和提升，盘活集体资源性资产。

二是推进协同治理机制。巨口乡存在多元利益相关者，每个利益主体在发展过程中都有自身发展的需要。古厝生态银行通过构建基层社会多元利益主体协同治理机制，处理好当地政府、相关单位、古厝居民以及外来投资者之间的关系，在产权主体国有的前提下，充分发挥市场在资源配置中的决定性作用，促进巨口乡各类资源要素的市场化。政府在搭建有效平台的过程中发挥其监管作用，充分解决了古厝资源所有者不清、权责不明、利益落实不到位等问题，使各个机构在工作中各行其职，提升了治理能力，最终实现社会各系统的

村头村扶持村民发展种养业

有机整合。古厝生态银行通过不断总结经验、推进农村治理体系和治理能力现代化，为乡村振兴战略的实施提供了协同治理的新思路。

三是增强乡村造血功能。古厝生态银行通过盘活闲置资产增强了古村落经济发展的内生动力，促进了古厝资源的优化配置，使古村落保护工作效率得到了大大提升。通过招商引资，吸引乡贤回归，加强对古厝这种精美建筑进行修复创新的专业型人才引进，鼓励农村集体经济组织与工商资本合作，打通资本、科技、人才等各类要素对接乡村振兴的"最后一公里"。积极探索村集体经济发展路径，促进了古厝资源的集约开发与利用，使古厝朝着精细化、集约化的方向发展，保障了农民集体经济发展过程中应得的权利，实现农村集体经济的可持续发展，促进农民收入持续稳定增长，真正让农民的钱包鼓起来。

巨口乡根据习近平生态文明思想，全面贯彻党的十九大精神，实施乡村振兴战略，加强对生态环境资源的保护以及对文化多样性的传承，坚持农业农村优先高质量发展，推动广大群众热情参与，并且有效凝聚多方主体的力量，让广大人民群众拥有更多获得感、幸福感，让农村发展进入全新的活力状态。

第二章 古厝生态银行社会调查

巨口乡安居乐业 / 刘红摄

实施乡村振兴战略，是党的十九大作出的重大决策部署，是统领当前和今后我国"三农"工作的总抓手，具有重大理论价值与实践意义。在我国，大部分优质的生态资源分布于乡村地区，但由于资源分散难以规模利用，农村生态产品"难度量、难抵押、难交易、难变现"，导致了"三资"难转化的困境，且乡村地区传统思想根深蒂固，阻碍了乡村振兴战略的进一步实施。因此，需要在生态产品价值实现与乡村振兴中找到一种转换和协同机制，生态银行就是这样的机制。

生态银行设计思路可以总结为政府搭台、农户参与、市场运作、企业主体四个特点，是多主体全面参与的机制。因此，课题组做了大量的社会调查，深入巨口乡各个村落，对当地各方利益相关者进行了深度访谈，并运用了充分的时间对本书进行编撰，从了解村落保护中各个利益主体的诉求与乡村发展问题入手，对古厝生态银行的实践情况进行过程监测，不断修正实践效果，拟为进一步探索和改进古厝生态银行模式提出具体意见。

第一节　古厝生态银行实践历程

随着"两山"理念不断深入人心，加强生态保护、促进绿色发展，使生态资源转化为生态资产、生态价值体现为经济价值，成为我国生态文明治理领域的焦点。2017年年底，北京第二外国语学院崔莉教授课题组（以下简称课题组）率先提出建立政府主导、企业和社会各界参与、市场化运作的可持续的生态银行理念，在南平全市探索与实践，由南平市推动实施，以期整合利用丰富的自然资源，有效盘活沉睡的生态资源。

2018 年 4 月，国务院参事室组织召开"生态银行"试点方案论证会，课题组各专家、学者从不同的视角和站位，围绕生态银行建设的意义、定位、功能以及平台构建、模式设计、政策支持、人才支撑、机制建设等方面畅所欲言，献智献策，展开论证，为生态银行的建设与推进，提供了宝贵的意见。

2018 年以来，延平区作为全省财政部农村综合性改革试点两个试验区之一，将巨口乡作为核心试验田，并立足生态银行理念，积极探索巨口乡古厝生态银行机制建设，紧紧围绕村集体经济发展、乡村治理、农民持续增收、农村生态文明发展四项机制破题，通过财政部农村综改项目整合财政资金杠杆，盘活闲置资源，吸引社会投入，探索出了一条乡村振兴的新路。课题组全程为古厝生态银行指导，实时监测，以期获得良好的实践成效。

巨口乡古厝生态银行标语

2018 年 6 月、8 月，西交利物浦大学的建筑学调研小组陆续进行了两次大规模调研。对建筑进行单体测绘，科学制订修缮方案。运用社会学和人类学方法，与村民进行访谈，了解村民对当地自然、人文资源的理解。

西交利物浦大学调研图

同期，巨口乡政府聘请同济大学城市规划设计研究院对全乡 11 个村做传统村落保护与发展规划，高起点、高标准推进古厝生态银行试点工作。

2018 年 10 月 31 日，为了让政府与民间形成合力，共同助力乡村振兴。巨口乡政府成立了南平巨福公司，开展古厝生态银行试点工作，统筹发展以古

巨口乡村民与游客／郑惠平摄

民居资源开发为龙头的乡村艺术旅游产业。

2018 年 11 月 3 日，上海阮仪三城市遗产保护基金会与福建省南平市延平区人民政府共同主办以"艺术唤醒乡村"为主题的 2018 中国延平乡村艺术季。在首届艺术季上，古厝生态银行机制得到了充分的实践机会，获得了来自社会各界的肯定，成功走出了保护开发蕴含传统文化基因的静态古厝资源有效路径的第一步。

2018 年乡村艺术季现场

2018 年延平乡村艺术季游客游玩

2018 年 11 月 14 日，南平市生态银行专家委员会前往延平区巨口乡调研并召开座谈会，对古厝生态银行建设的总体思路进行了完善，旨在探索绿水青山转化为金山银山的特色可持续发展路径。

2019 年 3 月 27 日，课题组赴巨口乡调研试点区域总体规划设计、资源整合及区域内古厝、民宿和旅游开发等情况，就国家相关扶持政策、拓展项目深度和广度、试点项目运行模式等问题，与负责部门进行深入交流。

2019 年 10 月 14 日，政府搭建的古厝生态银行"古厝掌柜"微信小程序正式运营。微信小程序集合了信息采集、审核、发布、成交、展示、招商等多样化功能，对巨口的土地、古厝等资源进行规模化收储、整合、优化，让资产供需方能够有效对接闲置资产，拓宽了古厝生态银行建设的平台渠道，更为延平区打开了对外招商推介的窗口。

课题组实地调研

古厝生态银行小程序界面

　　2019 年 11 月 30 日，以"艺术激活乡村"为主题的延平区第二届乡村艺术季由延平区人民政府、上海阮仪三城市遗产保护基金会共同主办，旨在通过艺术季的形式保护传承自然文化遗产，探索乡村品牌化路径，吸引更多人走进乡村、了解乡村，体验乡村生活，参与艺术激活乡村、助力乡村振兴的行动中来。

2019 年乡村艺术季开场节目表演

2019 年乡村艺术季表演

2020年4月30日，课题组成员进行了科技特派员申报，组建延平巨口"古厝生态银行"服务团队，团队成员对巨口乡古厝生态银行有深入的了解，前期在生态产品价值实现、资源变资产成资本等方面开展了试点探索与实践，成效显著，取得了良好的社会、经济效益。接下来将致力于为巨口乡在生态文明建设、旅游产业发展等方面提供支持与帮助。

2020年1~6月新冠肺炎疫情期间，课题组保持与延平区政府、巨口乡政府等部门的密切联系，召开多次线上研讨会、座谈会，为古厝生态银行机制总结提升集思广益。

2020年7月，课题组组织有关领域专家学者，在巨口乡6村7地调研生态银行工作进展情况，并在巨口乡政府召开座谈会，专家就古厝生态银行未来发展明确了产业定位。

2020年7~8月，课题组在巨口乡开展了为期一个月的社会调查。其间共走访4个村庄，对村民、政府人员、非政府组织和投资者进行访谈，探讨村容村貌整治、古厝资源利用、村民参与经营、招商引资的巨口乡发展问题，深刻

古厝生态银行座谈会

课题组在村中访谈

分析了古厝生态银行多元主体协同共治的现状。

2020 年 11 月，由课题组与巨口乡政府共同举办的"艺术赋能乡村——南平市第四届旅游产业发展大会·2020 中国延平乡村艺术季"新闻发布会在福州三坊七巷举行，旨在结合南平市"武夷山水""生态银行""水美经济"三大创新机制，通过吸引更多城乡要素参与乡村发展，形成艺术＋旅游＋农业＋手工艺等新经济形态，走出一条乡村振兴绿色发展之路。

2020 年 11 月，以"艺术赋能乡村"为主题的延平区第三届乡村艺术季

古厝生态银行研讨会合影

课题组组长发言

由南平市延平区委、延平区人民政府、上海阮仪三城市遗产保护基金会主办。在艺术季连续举办的第三年，巨口乡实现了文化资产、自然资产、闲置资产和人力资本的有效集聚，进一步深化了传统古村落与艺术的有机结合，实现乡村文旅与产业振兴深度融合，为乡村振兴赋予强大动能。

截至目前，由课题组成员组成的评审团对南平市生态银行进行了 6 次季度

2020 年乡村艺术季现场

2020 年乡村艺术季摊位

考核，并对延平区巨口乡古厝生态银行的实践情况进行过程监控，针对当地提出的发展困惑给予解答与建议。

2021 年 7 月，课题组成员在巨口乡进行实地调研，对古厝生态银行现阶段工作进展及下一步发展问题与当地政府进行了交流。

2018 年至今，在课题组和地方政府等主体的共同努力下，作为南平市生

课题组成员在巨口乡实地调研

态银行的第一批试点，巨口乡古厝生态银行从理论设想推向落地实操，已取得阶段性成果。为进一步巩固实践成果与了解古厝生态银行发展中存在的问题和根源，本课题组深入当地调查，获得了珍贵的一手、二手资料。

课题组讨论

第二节　社会调查前期准备

一、调查范围及对象

社会调查工作于2017年年底开始，2021年10月结束，调研范围选取巨口乡岭根北坑村、谷园村、馀庆村、九龙村4个行政村。调研对象包括4个村的村民、政府人员、巨福公司负责人、上海阮仪三遗产保护基金会负责人、投资企业家等，重点围绕古厝生态银行工作中巨口乡各方利益相关者的利益诉求、土地流转、旅游开发经营等事项进行深度访谈，每份提纲设计7～8个问题。

　　在实际访谈中，首先进行预访谈，在调整提纲内容的基础上开展正式访谈，访谈过程中将问题表述口语化，转化为当地人能够接受的语言形式；尽量不打断受访者陈述事实的思路，以获得较为全面的数据。其次，根据受访者的典型性和重要事件的线索，对部分受访者进行深度的回访，以实现数据的完整性。

　　访谈录音转录文字达 417698 字，同时收集二手资料相关文字共计约 24 万字，调研过程中整理的备忘录共计约 2 万字。访谈对象基本信息及数据来源见附件（附表 1、表 2）。

村头趣味

二、调查地概况

（一）岭根北坑村

　　岭根村包含一个北坑自然村，岭根本村与北坑村通过溪流建立了水系以及灌溉系统的联系。目前在村人口 111 人，多为老年人口。外出流动人口 428 人，占全村人口 49%，人口主要流向广东省汕头市，从事游乐业。村土地总面积为 7530 亩，耕地 1319 亩（水田 1319 亩），其中实际耕种 252.24 亩，已流转给巨福公司用于种植向日葵，以及与福建田园梦享公司签订意向流转合同，400~500 亩用于种植观赏作物。

村中保存古厝数量较多，其中结构完整的清代古厝数十座，目前共有 5 座古厝有意向流转，3 座已经流转给巨福公司用于改造民宿、展览等用途，流转期限最长为 20 年。已经修缮并改造成民宿的古厝，有 2 张床位，基础设施完善，目前还未对外开放使用。

岭根村抓住综改与古厝生态银行契机，在三年的时间里，开展传统村落保护、人居环境整治等工作，为未来村庄发展旅游业态打下坚实的基础。

北坑村村貌

北坑村村民

（二）谷园村

　　谷园村是国家级传统村落，共有 2 个自然村，分别是谷园村和兰峰村。村落中共有居民 267 户，外出流动人口占全村人口的 87%，主要流向南平市区及广东、云南、浙江等省份，从事游乐业、服务业等。谷园村土地总面积12.2743 平方公里，耕地 1695 亩（水田 1695 亩），其中实际耕种 423 亩，流转 110 亩用于谷园生态农业园项目，闲置 1162 亩。闲置的土地中，本村乡贤回村发展，计划承包 100 多亩荒地，作为油茶基地，将投资 50 万~60 万元。

　　谷园村已流转的古厝共有 8 座，其中，酒坊、茶坊、进士院、八品厝等已流转给巨福公司修缮，将营造品茶、参观、品酒等场所，目前还未正式使用。另有吴氏富房、马房裡厝和武举人厝 3 座古厝正与巨福公司进行流转过程。未流转的古厝约 16 座。全部建设完工后，谷园村也将成为巨口乡集镇沿线旅游景点之一。

谷园村村貌 / 王承旭摄

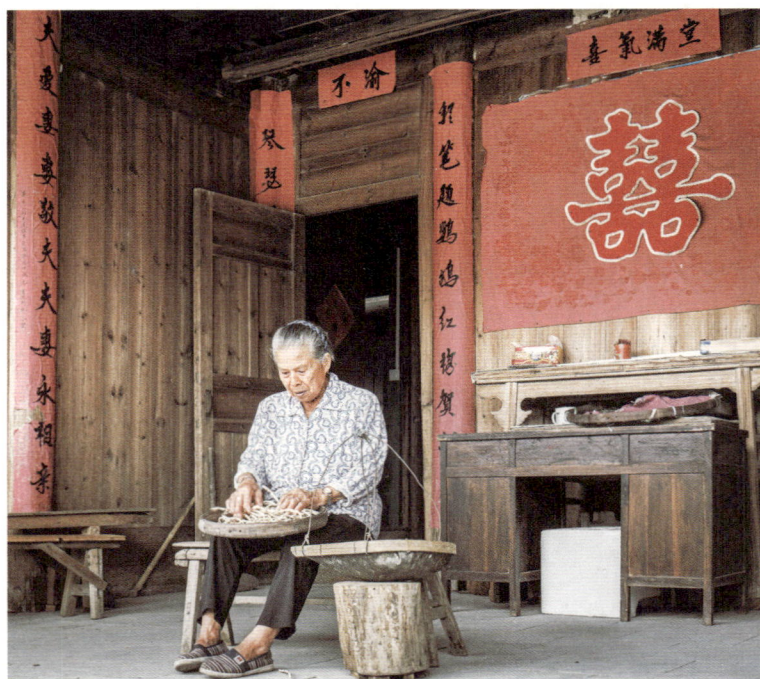

谷园村老人 / 刘东煌摄

（三）九龙村

九龙村的自然村名叫南坑自然村。全村共有 342 户，外出流动人口 1116 人，占全村人口的 83.1%，主要流向南平、福州、广东等省市，从事搬运工、旅游业、经商工作。

九龙村土地总面积 9.6 平方公里，耕地 2053 亩（水田 1548 亩），其中实际耕种 1200 亩，闲置 853 亩，意向流转给福建省千亩良田农业发展有限公司建设项目 914 亩，已流转 180 亩给福建省古田县村民种植脐橙。

由巨福公司负责修缮的 1 栋九龙村小学旧建筑，目前已完成民宿改造，开始对外接待游客。随着试点推广效果逐步得到认可，其余古厝资源也将逐步交由巨福公司平台收储，更好地发挥其历史、文化和经济价值。

九龙村村貌 / 陈启平摄

九龙村村民

（四）馀庆村

馀庆村共有 3 个自然村，分别是若洋、洋坑和谷慕甲，主村在馀庆村。全村常住人口 320 人，其中 60 岁及以上 210 人，占 65%。外出流动人口 2411 人，占全村人口 88%，主要流向延平城区、福州市区和省外，从事服务行业居多。全村土地总面积 22.3 平方公里，耕地 3828 亩（水田 3828 亩），其中实际耕种 1300 亩，流转 330 亩，闲置 2528 亩。其中，闲置的 1000 亩阳面田意向流转给福建华旅农业科技有限公司，用于建设田园综合体项目。

馀庆村古厝数量最为丰富，共保有 23 座古厝，建筑历史最早可追溯到明朝，文化底蕴深厚。其中，驸马厝规模最为壮观，精美壁画依稀可见，建筑细部构件尽显当年辉煌。目前，驸马厝已流转给巨福公司修缮，未来将作为茶室、展览室、私塾等接待游客。

馀庆村村貌

馀庆村儿童 / 黄跃端摄

第三节　社会调查分析

一、访谈数据处理与分析

调研过程中，针对村民、政府、非政府组织与投资者共设计了 5 份访谈提纲，其中非政府组织设计了两份，以保证访谈内容的全面。对于村民，主要是对土地流转出现的问题、土地流转后对发展旅游业的认知与态度以及是否愿意参与到旅游经营三方面内容进行访谈；对于政府，主要是对村财收入、土地确权流转情况及遇到的问题、政府在其中发挥的作用以及对旅游业发展的态度等方面内容进行访谈；对于非政府组织，分别从保护规划过程中遇到的问题、与政府村民的合作方式、未来古厝发展的思路以及乡村艺术季相关的内容进行访谈；对于投资者，主要从古厝生态银行工作开展、存在问题等方面进行了访谈。在后续的跟踪回访中，主要是对政府人员与投资者从项目开展情况与实际效益等方面进行了访谈。

访谈结束后，对于数量和内容庞杂的一手资料和二手资料，进行分类整理。然后，通过自下而上的编码技术对资料进行编码。对于访谈资料，总代码命名为 F，二手资料总代码为 E。访谈的具体受访者，采用受访者类型的拼音首字母大写作为代码。例如：村民的访谈代码为 CM，政府人员的访谈代码为 ZF，投资者的访谈代码为 TZ，非政府组织的访谈代码为 FZF。由于同一受访类型下有多位受访人员，按受访时间列序号表示，例如，村民吴叔的访谈代码为 CM-1 等。根据该编码规则，本文中出现的访谈原话将用该编号来表示（资料编码示例见附表 3）。

首先，是一级编码。从访谈文本中将与利益相关者发展问题有关的内容摘录出来，共得到 184 个原始语句，通过认真阅读语句分析其背景与语义，分别对每条原始语句进行初步编码分析，得到 184 个初始概念，去掉语义重复及相似的概念，共得到概念 88 个，包括权益冲突领域、影响因素（包括消极因素和积极因素两部分）及发展期望三部分内容（见附表 4）。

其次，是二级编码。基于一级编码过程获得的 88 个概念（14 个冲突领域概念，57 个影响因素概念，17 个发展期望概念），进一步识别概念间逻辑关系进行聚类和归纳，进行二级编码提取。通过这一过程，得到 17 个二级编码（包含 3 个冲突领域二级编码，11 个影响因素二级编码，3 个发展期望二级编码）（见附表 5）。

最后，对编码的数据进行归类与提炼主要观点。访谈的数据归为四大类：冲突领域、消极因素、积极因素、发展期望。在归类的过程中对有关现象的真实性，结合二手资料进行反复验证，以保证数据的效度。

在以上四大类的访谈数据中，我们可以明显看出，消极因素的存在导致了冲突领域的形成，与之相反，积极因素的存在使得各方利益主体对于巨口乡的发展抱有积极的期望。

村落的发展进程与其所拥有的资源禀赋都存在差异，导致了各村落发展资金的不同分配，进一步加剧了村集体经济发展的不平衡。对于村民而言，他们并不知道或者不关心资金分配的标准，只是觉得自己所在的村庄分配到的资金少了，就是不公平。由于农地的位置、质量等差异，出现了部分土地流转价格低的现象。村民希望流转土地获得较高的经济收益，企业顾虑投资成本，双方就价格问题僵持，村民进而不愿意流转土地。而在土地流转中，政府人员希望村民都能统一参与土地流转，形成规模连片的土地资源，方便企业进入。此时政府就起到了沟通协调的作用，通过各方多次沟通与村民代表大会等方式鼓动村民统一流转，希望企业给出合理的价格，争取共赢的结果。

由于家乡缺乏就业岗位、收入水平低，年轻人纷纷流向大城市，村落空心化、老龄化现象严重。政府在协调过程中，能够进行沟通的对象大多是村中文化水平不高的老人，这就出现了沟通效率低、沟通不畅的问题。除此之外，产业支持资金不足、经营主体缺乏、缺少人才等产业困境也阻碍了巨口乡产业化发展，制约了巨口乡增收。

但总体而言，即使存在发展问题，村民以及各方利益主体对于巨口乡产业发展依旧持有积极的态度。近年来有利于乡村发展的政策陆续出台，利益相关者们都看到了巨口乡发展的美好前景，大家都希望能共同努力发展乡村旅游、完善机制保障，使招商引资的渠道更加顺畅，促进当地经济发展，改善当地村民生活。

二、巨口乡利益相关者及诉求

（一）巨口乡利益相关者诉求

巨口乡利益相关者包括村庄村民、当地政府、投资者以及非政府组织。

首先是巨口乡各个村落的村民。《大国之基》中曾说到，农村土地包括宅基地是农民进城失败最后的退路与保障，使农民有了城乡之间进退的选择权，因此，农村也被称为稳定器与蓄水池[①]。在乡村发展中，充分利用好农村的土地，即对三权分置后的土地经营权与宅基地使用权进行流转，其重要性不言而喻。巨口乡下辖 11 个行政村，村民是土地流转中最直接的参与者。由于巨口乡交通、基础设施不完善等原因，乡中没有良好的发展机会，年轻人纷纷出走，留在家乡的是无劳动能力的老年人与儿童，土地撂荒严重。在土地流转过程中，村民利益的获得主要是依靠土地流转中产生的转让金和政府的经济补贴，但由于巨口乡之前曾出现农业项目投资失败、土地遭到破坏的情况，村民有土地租金交付以及土地破坏恢复难的担忧。因此，村民的主要诉求是改善生活，增加收益渠道，促进土地利用与保护。

其次是政府。当地政府是土地流转与乡村发展的主导者，起着与上级政府、村民构建沟通桥梁，引导村民土地流转的作用，是促进巨口乡乡村振兴、古村落保护的主抓手。同时，政府也是土地流转过程中的监督者，发挥招商引资、规范流程、解决纠纷的作用。政府的主要利益诉求有以下两个方面。一是

---

① 贺雪峰. 大国之基：中国乡村振兴诸问题［M］. 北京：东方出版社，2019.

实现农村经济快速发展的诉求。在耕地撂荒，农业种植较少的情况下，为农村招商引资，带来新的产业，解决资本难进入的问题。二是实现土地规模经营，解决土地分散化、碎片化的问题。

再次是投资者。社会资本进入难曾是阻碍巨口乡经济发展的一个难题，土地流转的分散化往往会引发纠纷与出现多头流转的情况，再加上留村村民年迈、思想老旧、资源碎片化、政府保障政策不到位等原因，导致了社会资本的望而却步。因此，投资者的诉求主要包括以下两个方面。一是政府完善保障机制，保障资本能够顺利进入。二是经济效益最大化的诉求，体现在企业参与投资开发并获取一定的经济效益。

最后是非政府组织。以上海阮仪三城市遗产保护基金会为代表。巨口乡村财政薄弱，尽管有综改资金支撑，面对基层设施建设巨大的资金投入，亟须发展多样化的产业，拓展增收渠道。非政府组织的进入，从文化的角度为乡村振兴注入活力。非政府组织有传统村落保护的诉求，旨在通过艺术创造等形式，带动招商引资，促进乡村发展有潜力的产业，保护有多元价值的古厝资源。同时，非政府组织也有顺利进入乡村的诉求。

（二）巨口乡利益相关者发展现状

正是由于各个利益相关者们不同诉求的存在，巨口乡发展面临着不可忽视的利益相关者之间关于思想观念、文化隔阂、机制完善的问题。主要体现为村民与政府的发展问题、村民与非政府组织的发展问题、政府与非政府组织的发展问题以及投资者与政府、村民之间的发展问题。

1. 村民与政府的发展现状

总体而言，村民对土地流转与发展旅游产业持积极的态度。在土地流转过程中，涉及土地确权、收储等行为，不可避免地会出现土地纠纷。此时，需要政府进行调节处理，若未能及时处理或处理不公，往往会出现村民与当地政府之间的矛盾。

巨口乡土地流转工作中，尽管大部分村民愿意随众流转土地，但仍有少部分不愿意丧失土地自由耕种的权利。正如受访者所说："8 小时，我自己种田，什么时候爱回来就回来。种田的时间可以自己安排。（CM-9）"在这种情况下极易出现信息不对称下的村民单方面认为政府行政强制的情况。如九龙村修建高铁征用土地事件，村民听说政府原本承诺村民 900 元的补贴，最后变成了 400 元，由此心生不满。正如受访者所说，"就好像高铁那样，我听说900 块钱变成 400 块钱啊，谁愿意呢？（CM-11）"政府表示，高铁征地属于国家建设征收农民集体土地，补偿费在各省市有所差异，当地政府人员按照政策执行，国家规定的补贴是多少就是多少，不存在前后不一致的情况。据课题组进一步的了解，村民也未有明确的消息来源，只是道听途说，难以获得准确消息。

与此同时，由于年轻人离开乡村，进入城市打工、买房，村落空心化、老龄化严重，政府人员在与留村老人征求土地流转意愿时还存在沟通不畅的问题。如受访者所说："农户的流转意愿，其实农户你跟他沟通，现在这里的都是老人家，然后他们跟你讲本地话，他们普通话也听不很清楚，沟通还比较困难。（ZF-6）"因此，政府通过多次、长时间与村民及其在外工作的年轻子女进行沟通，做动员工作，通过多次村民代表大会，最终促使村民同意进行统一的土地流转。在土地流转中，村民纷纷表示希望明确收益渠道，有土地流转租金交付的忧虑。正如受访者表示："（土地流转）肯定有一点顾虑，你要是搞不起来，不继续弄，后面我们村民再拿去种田还是做什么，他没有帮我们弄好，那这肯定有顾虑的。每年的租金能不能给我们，这个肯定也有一个想法。（CM-5）"

2. 村民与非政府组织的发展现状

非政府组织为巨口乡的发展带来了机遇，注入了动力，因此村民与非政府组织的发展问题体现在较小的方面。借由古厝生态银行模式的运营，引入了投资者与非政府组织。二者以文化的角度共同为巨口乡乡村振兴努力，以期实现共赢。

2018 年、2019 年、2020 年巨口乡成功举办了三届乡村艺术季。艺术季开展前期，相关投资者负责巨口乡艺术规划与执行实施。随着连续三年乡村艺术季的成功举办，逐渐暴露了一些问题，如由于村民不配合、理念不合等原因产生的利益纠纷。对于村民的想法与态度，正如受访者所说："这个应该说是错综复杂的，因为每个人的见解不同，每个人也有自己的小算盘。打个比方这堵墙，他妈妈觉得你可以在这堵墙上做作品，但他儿子可能就不同意了，比如说你得给我1000块，要不然不让你做作品，也会有这样的事情发生。（FZF-1）"出现这样的问题，受访者是这样解决的："比如说有的钱少，可以直接给他。有的不合理的，我们可以给他做思想工作，包括村里面的村干部，乡里面的领导，来给他们做思想工作。（FZF-1）"这种情况的出现，可以归咎于沟通。艺术家与村民的知识背景不同，需要一个磨合的过程。即："村民不知道你要干什么，他会来阻止，你不能这样做。他不理解，那你要跟他们沟通，我们来这里是带来好处，不是来做坏事的。（FZF-2）"

往深层次说，村民与非政府组织之间的发展问题其实是传统文化与现代文化之间存在隔阂的问题。传统文化与现代文化有异同，两种文化的碰撞既包括文化层面，也包括精神层面。艺术家与村民有思想、知识背景的差别，也注定了现代文化进入古村落是存在壁垒的。在历史的演变中，传统文化早就深入当地村民的血液之中，代代相传，一些文化形态在不断发展中被改造，与现代文化结合，继承与创新，所以延续着生命，至今仍有着强大的生命力。因此，在巨口乡古村落保护中，要在符合时代发展规律的基础上，推进传统文化与现代文化的融合发展。

3. 政府与非政府组织的发展现状

非政府组织来到当地发展，政府是极其欢迎的，一方面为巨口乡提升了知名度，另一方面是扩大渠道招商引资。同时，非政府组织在巨口乡的活动很大程度上也需要政府的支持与机制保障。首先是制度保障的问题。巨口乡吸引投资过程中，往往存在基础设施不完善、缺乏非政府组织进入乡村的保障机制的问题。正如受访者所说："（制度完善）那肯定需要，现在是因为没有这方面的完善的制度，所以你只能是尽量地把它设想得美好一点，才愿意去做这样的投资嘛。（FZF-1）"

其次是村集体在乡村发展中缺乏自组织的能力与制度建设能力，难以使乡村产业与经济长久发展。即："（乡村艺术季过后）一个村要有自组织的能力，就是他要把这些村子的空间、艺术品或者是古厝，当作一种资产来进行管理。另外就是乡政府也要在乡的层面对这件事情要做出制度上的建设。基础设施、建筑改造还是输血过程，输血如何变成自己能够供血，这样才能够长久。（FZF-2）"最后是建筑保护的冲突。当地对于申报文化保护单位有些犹豫，认为这样不易对建筑进行改动，不利于古厝及时地修缮与保护。但非政府组织认为，申报文化保护单位可以限制各方的随意动工，如若不进行申报，建筑将更容易遭到破坏，修缮历史文化建筑时也不够严谨。如受访者表示："如果是文保单位，那就只有有资质的单位才能来修，而且方案是要经过好几轮审查的，招投标也很严格。现在因为不是文保单位，所以也不用那么复杂，自己觉得要怎么修就怎么修。（FZF-2）"

4. 投资者与政府及村民之间的发展现状

投资者的进入能够为巨口乡带来资金与多元化的产业，但在实际中，资本的进入存在一定的阻碍。政府的保障十分重要，正如受访者所说："（企业）外面进来承包的话，政府肯定要出来商量，政府要出文件，政府不出文件，下面怕群众纠纷，有的人不愿意。（CM-11）"在企业进入的前期，政府往往会在各个方面给予大力支持，但后期支持难以衔接或企业本身实力不强，就会使产业难以可持续发展。在这样的基础上，不仅企业对于进入有担忧，村民对于企业进入土地破坏也有担忧。投资者在注重自身经济效益的同时，可能会在一定程度上忽视村民的需求，例如不重视村民反馈、不遵循政府指导的开发原则等。但总体而言，巨口乡产业发展较为顺利，例如田园梦享项目，2021年课题组回访时，通过村民、企业与政府的共同努力，已取得了良好的效益。

三、巨口乡成功实践事件分析

（一）事件一

1.事件简介

福建田园梦享农业开发有限公司成立于 2018 年 5 月 17 日，企业经营项目包括乡村旅游、观光农业、苗木基地等。2020 年 6 月，项目由巨口乡政府介绍引进，企业计划在谷园村的兰峰自然村与岭根村交界地块开发"兰峰森林康养"项目，占地面积约 800 亩，项目围绕一、二、三产业展开，产、学、研一体，包含垂钓、民宿、植物观赏等板块。

项目投资者意向通过租赁方式获得项目用地，期限至少为 30 年。计划先流转部分村民的闲置农地和宅基地，在原有宅基地的基础上增加建筑数量。但由于村民并不了解国家政策，担心土地流转这么长的时间，子孙后代无地可种，因此只愿意流转几年，限制了流转的时间。

负责对接的政府人员认为，项目牵涉诸多村民的土地，村民之间关系复杂，还需妥善考虑。同时，愿意流转土地的村民，希望能有更高的收益，但作为投资者考虑到成本因素，希望以较低的价格获得项目用地，双方价格和用地需求未达成一致。由于各种原因，原先对那片土地有意向的投资者未能成功获得经营权，流转协议最终未签订。

2021 年 10 月回访时，课题组了解到，经政府推荐、村民同意，项目投资者已在巨口乡谷园村与岭根村承包土地，于 2020 年 10 月开展项目，包括苗木种植、鱼虾共生、鱼稻共生、虾稻共生，与高校福建农林大学合作引进了优质牧草在内的种植业，养殖业和研学旅游产业项目。并按照实际用工情况雇用当地 100～200 名村民，购买当地村民工艺品等，为村民提供了增收渠道，时至今年一年内取得良好效益。

2. 事件分析

（1）村民：希望土地流转获得高收益

村民的利益诉求是希望土地能够有效流转，并且得到较高的租金。正如受访村民所说："就是田园梦享，想在我们兰峰自然村上面开发。我们村现在其他的工作也很多，我怕忙不过来。先给他流转一段时间，看看效果，再说就是农户有点想法，（价格）高点啊怎么样。（ZF-1）"但当人们意识到自己所拥有的土地能够产生价值后，往往会出现哄抬价格的现象。古厝生态银行等项目实施后，当地村民或外出的村民看到了古厝的利用价值，以往合理价格就能够流转的古厝或农地，很有可能会被能够从中获取利益的相关者坐地起价。村民会有较高的价格预期，交易价格相应提高，在这样的情形下，坐地起价会对项目与社会资本的进入形成阻碍，错失资本注入的良机。

（2）政府：积极引入项目

人口大量外流让村子变成了"空心村"，房屋、农田、山地等乡村资源长期闲置，无法发挥价值。政府是整个村庄的领导者，肩负着建设村庄的任务。面对有实力的企业进村投资的状况，政府迫切希望闲置的资源能够被有效盘活，为村子增添活力。

在引入投资者时，政府也有考量。首先是，企业本身具有实力，在此项目开展之前，政府了解到投资者是园林工程师，并且从事了20余年的园林绿化项目有关的工作。正如政府工作人员所说："他现在这个老板的公司的实力应该是（可以的），搞绿化、高速路、铁路，都是一些工程。我们流转出去就是我们双方都有利益，村里也有点收入，我们村才有收入，你这个土地闲着没用都是荒废的，十几年都放在那里，你租出去，村民也有点收入，一亩100斤干谷，100斤干谷我们村民收了，他老板付咯。（ZF-1）"

其次是投资者要具有一定的情怀，提到要开展研学旅游项目时，正如受访的投资者所说："最关键的教育资源有限的，那我们就做这种（农业实践）产业的教育，这个延伸让他得到一个充足的发展。除了个人有收益，不管赚多少，我们社会贡献也很重要。（TZ-3）"

除此之外，项目开展的难点之一是村民们的流转意见不统一。由于观念与沟通的问题，有村民担心失地、粮食生产安全的问题，只愿意短期流转或不愿意流转。短期流转对于规模种植产业而言，不符合周期性规律，难以形成效益。因此，政府人员开展思想沟通工作，通过联系村民在外的年轻子女、多次寻访、开展村民代表大会等方式，成功说服村民流转土地，并在原先流转年限的基础上增加了 20 年的流转期。正如受访者所说："因为当地老百姓也有过考虑到以后自己粮食生产的安全或者自己以后子孙要种地。这个当时是最直接的矛盾，一个是土地使用年限。我们这边跟村里面也都是去沟通，跟老百姓去上门去做工作。包括召开村民代表大会，争取村民签字。70% 左右的村民签字后，我们又召开了村民代表大会，土地流转的年限从原来的几年我们给他增加了 20 年，（村民）是百分之百同意的。（ZF-15）"。

（3）企业：促进巨口乡三产融合

企业以盈利为主要目的，因此项目选址上也有所讲究。当课题组成员询问为什么会选择巨口乡作为项目地时，投资者表示："（项目开展的土地）海拔 600 多米，空气很好、很清新。温度比较低，夏天比较舒服一点。第一是生态环境好，生态价值非常高。第二就是（巨口乡拥有）名山大川、名人文化，第三是有产业旅游。（TZ-3）"巨口乡本身具有良好的资源禀赋，悠久的人文历史，与此同时还有近年来古厝生态银行带动发展的旅游产业，成为投资者选择项目地良好的选择。

项目开发往往需要大面积的土地，而每个小地块的使用权分散在多个村民手中，在获得项目用地时，为减少成本，政府会直接和村民一一协商。但存在个别村民不愿意参与流转的情况，这对企业来说，是项目投资的困难。

"老板就是在你宅基地上面盖一些别墅、小木屋，农民讲就是宅基地上面盖一些小木屋，（老板）就不可能在每一座每个人的宅基地上都盖着这个。他（老板）讲不可能，他就是跟你的想法不一样，最后我们也不敢谈。（ZF-1）"

针对这种情况，企业委托政府多次前往巨口乡与村民进行了长达半年、多方位的沟通。村民同意后，项目的实施为村民提供了就业岗位与额外的收入来源。投资者表示，假如项目开展中破坏了村民的土地或侵占了其利益，企业对于村民的补偿诉求会尽量满足，因此，该企业与村民保持了良好的关系，这是项目成功的关键之一。

3. 小结

土地资源及其使用权分散在各村民手中，政府工作人员需要与村民逐一协商，有意愿的村民将资源的使用权通过租赁等方式流转给政府，再由其对接企业，双方协商达成一致，实现资源到企业的流转，企业进行项目运营。资源从村民流转向企业的过程中，存在部分村民因价格或担心失地不愿意参与流转的情况，此时就需要政府人员出面沟通，保障企业的顺利进入。

利益相关者中，真正参与土地流转的是村民、政府和企业三方利益相关者。村民通过流转土地资源的使用权，获得流转收益与就业机会，利益得到满足；政府充分考察企业背景，完善相关配套，开展沟通工作，保障村民民主权利的同时，积极开展招商引资的工作；企业本身素质高、有能力、实力雄厚，通过了政府的考察后，获得了流转土地的经营权、支付土地的流转费用，规模化开展产业运营，为当地提供了就业岗位与额外的收益。

该事件的成功，离不开利益相关者之间的共同努力。政府大力支持并提供优质的外部条件，村民诉求得到尊重从而配合产业，企业的实力与情怀、注重生态保护与三产融合，为这一项目创造了良好的经济效益与社会效益。

（二）事件二

1. 事件简介

上海阮仪三城市遗产保护基金会（以下简称团队）致力于古建筑遗产保护工作。2017年7月，团队第一次进入巨口乡实地考察，被这里的自然风光、建筑风格、传统村落风貌所吸引。近几十年，大量村民放弃破旧的老宅，搬到条件更好的城市中居住。留在乡村的是空置的房屋，撂荒的农地，整个村子生气逐渐低落。随着时间推移，村子里的社会结构、耕作技艺、传统建筑、传统手工艺、宗族文化等都处于濒危状态，面临着是去还是留的选择。面对该现状，团队希望传统村落的风貌能够长期保留。团队尝试以艺术的形式保护古村落，吸引客源，提升当地知名度。在区政府的支持下，2018 年 6 月，阮仪三团队与延平区政府签订"巨口计划"，由团队聘请专业人员设计古建筑保护方案，以及从事传统乡土文化的保存和发展等工作，村落保护工作如期进行。同年，巨口乡获批"财政部农村综合性改革试点试验区"后，延平区财政局下拨 3500 万元资金，一部分用于乡村艺术季的筹备工作。2018 年 7 月，团队开始筹备第一届乡村艺术季的工作。邀请国内知名艺术家到巨口乡九龙村写生创作，通过利用村中居民闲置的房屋、礼堂、旧仓库等，在外围和内部进行装点，形成一件件艺术作品。用艺术的形式呈现巨口乡的传统文化，激发年轻一代人重塑家乡的概念，使在外地工作的人们能够回乡发展。在区政府、乡政府、村委、村民、团队的多方努力下，11 月 3 日，延平区第一届乡村艺术季在九龙村成功举办，引起多家社会媒体的关注。2019 年，第二届乡村艺术季在谷园村举办，通过新浪、美丽延平、虎牙等直播平台观看的观众达 135 万人，当日吸引前来参观的游客近 2 万人次。2020 年 11 月 7 日，第三届艺术季在谷园村举办，2018 年到 2020 年的两年多时间里，艺术的力量引起了许多人对这样一个偏僻山村的关注，带去了客流量。游客进村消费，带动了村子的经济发展。

2. 事件分析

（1）前期：各方支持

艺术季能够成功举办是各方关系协调的结果，是一个不断沟通磨合的过程。不同利益相关者文化背景不同，对事物的理解角度不同。对于政府来说，和不同利益相关者的沟通，从政策、资金、人力等方面支持艺术季的举办，这是各方逐渐达成共识的过程。

2017 年团队与西交利物浦大学第一次来到巨口乡调研时，村干部明确地表示，希望利用巨口乡丰富的土厝群资源，发展旅游产业，带动村里经济，吸引年轻人回到家乡。以九龙村为例，在当时，1000 多人的村庄只剩下 300 余人，其中大多数是老人。访谈中，老人也表示，家中年轻子女已经在城中落

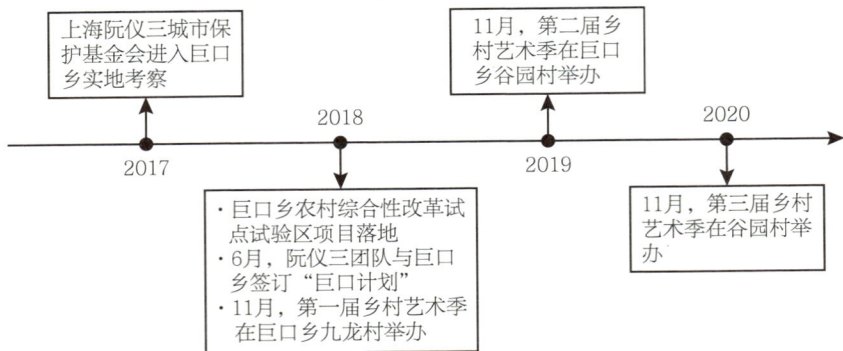

艺术季时间发展轴

户，大概率不会回到家乡。村落的空心化，让巨口乡的各产业发展举步维艰，村中以种植水稻与烟叶为主要经济来源。为了改变这样的困境，政府积极与团队达成共识，签订协议，举办乡村艺术季活动。

"像这样我们的策展团队艺术家和村民，还有政府之间其实是要对这件事情达成一定的共识，还需要很长的磨合时间。（FZF-2）"

除此之外，还有当地村民的支持。以九龙村村民为例，起初，当地村民认为古厝内部设施差，没有办法获得较好的生活条件，因此没有保护古厝的想法。后来，在各方古村落保护组织以及团队进入后，当地村民在高校大学生志愿者的带动作用下，在外工作的乡贤回归，并动员村中其他人，组建了乡村理事会，共同保护乡村环境。正是因为有了前期良好的保障基础，乡村艺术季的举办相对顺利。

（2）中期：浮现发展问题

古厝既是村民的住所，也代表着一个地区的聚落景观，具有历史、文化、美学、旅游等价值。建筑本体一旦消失，特有的文化便不复存在。团队有文化保护的想法，希望乡村传统风貌能够完整保留下来，让城乡重新发现这片土地的价值，发现乡村生活之美。

"我们之所以在这个地方做这个东西，其实主要是因为我们是做建筑遗产保护的，那么我们是希望它这里的传统村落可以留下来。（FZF-2）"

在事件中，尽管大多数村民表示支持，但团队与当地少数村民就建筑利用问题多次协商，过程中产生了冲突。如文化利益、空间利益和发展目标的冲突。

首先是文化利益冲突。长期生活在城市中的人所处的地理环境、文化背景、审美情趣与当地居民存在很大差异，进而导致了价值目标与取向的竞争或对立。团队的进入带来的是与之不同的外来文化、审美视角和生活方式，对本地传统文化、生活秩序、民风习俗带来冲击。当地居民会根据自身情况采取不同措施，模仿或是抵抗。正如受访村民所说："你看上面学校门口竖个雕（塑）啊，什么人像什么鬼，竖在那里，上面做那个龙啊什么，前年做，现在就打掉了。所以我们有的人就是说在谷园那边啊，除了房子什么修下，房子修好了，最多一年两年三年都倒掉了，拿去火烧掉，拆掉烧掉，它就没用（CM-14）。"团队成员也表示："艺术家创作这个东西其实是纯粹从自己的角度对吧，他第一次创作应该说没有太多顾及永久性这件事情。因为其实永久性这个东西，当然一个是技术成本，另外也是要考虑预算，就是永久性它就会带来更高的预算。村民都喜欢一劳永逸的东西，就永远在那里的。（FZF-2）"

其次是空间利益冲突。艺术季通过利用村民房屋的外墙、院落、内部空间等部分作为背景，对其进行装饰和改造，占用了村民的生活生产空间，引发了利益冲突。"有一个艺术家做了一个作品，然后他是在一个废墟，一个老房子的废墟里面做了一个作品，然后当时一开始村长还跟艺术家一起，跟家里的主人，就家里的主人去说了这个事情，当时他们还都答应的，结果做完后一个星期不到，然后就烧掉了那个作品，他那个作品是制作的嘛，就被烧掉了。烧掉的原因是什么，就是他那个家其实一共有三兄弟，当时答应的是老大，后来老二回来了，他就不答应了，他觉得你这样子一放的话，我以后要翻盖新房子就很麻烦，所以他就把它给烧掉了。（FZF-2）"

"比如说你要做个作品，你要占着这个地了，那么村民就要问你要钱了。（FZF-2）"

"今年我们有一个作品本来要放在这里的，结果村民不同意，只能放到另外一个地方去，好几个作品都是这样子的。（FZF-2）"

当村民表示需要收费才能占用空间时，团队成员对合理收费表示理解。"比如说有的钱少的让你可以直接给他，也没什么问题。（FZF-2）"不合理的收费则需要通过政府开展进一步的沟通："有的他不合理的，我们可以给他做思想工作，包括当地的村里面的村干部啊，乡里面的领导啊，来给他们做思想工作。所以配合度跟做基础工作是有关系的，就是沟通啊，相互的理解啊，他也要知道你要干什么，你不是要来这里赚他们的钱，贪他们的小便宜，来这里是帮助他们建设他们的农村、他们的家乡，等等，是需要沟通的。（FZF-1）"

最后是发展目标冲突。最大限度地保护古建筑遗产，保留传统村落的风貌是团队的目标。古建筑蕴含着丰富的历史、文化、美学、旅游等价值，团队认为，若没有将古建筑当作文物进行保护，当地人不会意识到其重要程度，在今后更不会严格地遵照原有风格去改造。当地却认为，文物保护给他们的日常生活带来不便，不利于随时修缮，双方因此产生冲突。

"他们这里一处文保单位都没有。他们就是不愿意申报文保单位，因为他们担心申报了文保单位以后，改动起来就会更麻烦，所以他们都不愿意申报文保单位，这个也是我们跟他们沟通最多的地方，就是应该去申报文保单位。因为不申报文保单位其实你更容易被破坏。（FZF-2）"

"但是他们因为没有把它申报为文保单位，所以他们修起来就没有那么的……就是不够严谨，又不是对待文物当文物保护单位的那种修法，所以还是有一点问题的。（FZF-2）"

"它有规划，但是保护他不管，他只是帮你规划一下，以后保护就你自己做。比如说他规划这栋房子怎么修啊怎么做，他会帮你规划好的，修的话你当地人就请师傅去做了，他不会帮你去修。再说他也没那么多资金。（ZF-9）"

（3）后期：艺术季为巨口乡带来客源与增加收入

艺术季邀请了国内外知名艺术家前来创作，院校师生到当地写生，社会媒体广泛关注。其间举办了非物质文化遗产专场演出，当地小吃、戏剧、灯展节等传统活动，吸引了许多人前来参观。村民将自家闲置的房屋改造成民宿，用于接待参观群体和外地游客，能够获得短期的营业收入。正如村民所说："原先搞艺术季，老外他们住了两三个月在这里。（CM-8）""2018 年那个时候因为搞艺术季，补贴下来，不然客人来没地方住，补贴里面你们去做。（CM-7）"

艺术季的举办给当地带来了不少变化，一方面，连续三年举办为乡村艺术季形成了品牌效应，巨口乡提升了知名度，是未来进一步发展旅游产业的良好基础。另一方面，艺术家引起了许多村民对家乡的关注，使他们注意到了古村落保护和发展的重要性以及家乡资源的潜在价值。一些在城里工作的乡贤愿意回到家乡，贡献自己的一份力量。如："那么从我们的角度，觉得这个东西做了以后，还是要给当地的人带来一些好处……（FZF-2）"

"总的来说，艺术季它还是让这个地方产生了活力，让这个地方的人们看到了希望，他们愿意回到自己的家乡，一个是为自己家乡觉得蛮骄傲的，另外他们也开始愿意回来为自己的家乡的未来做一些努力，我想这个可能是三年艺术季来最大的一个作用吧。（FZF-2）"

3. 小结

在资源整合中，非政府组织通过与村民协商，在村民同意的情况下将房屋无偿借给其使用，在房屋外围和内部进行装饰。乡村艺术季的举办仅是作为一种营销手段，目的是吸引客源进村消费，引起社会各界的关注。非政府组织在这当中逐一和村民协商，以获得房屋的使用权，这一过程中存在部分村民不愿意参与流转的情况，由此引发了利益冲突。

从利益相关者扮演的角色看，参与古村落开发的是非政府组织和村民两方利益相关者，政府在其中的职能弱化。村民流转房屋的使用权给非政府组织，政府在其中只起到组织协调的作用。

巨口乡连续三年艺术季的顺利举办，是因为团队始终保持着保护古村落与传统文化的初衷。团队致力于预防在乡村振兴中大规模资本进入出现巨口乡的保护性破坏，运用艺术季的方法振兴乡村，保护了巨口乡历史文化资源的同时，提升了其知名度与村民经济收益，为巨口乡旅游产业的进一步发展提供了助力。

四、巨口乡利益相关者对古厝生态银行的理解

从前，巨口乡乡村的落寞，不仅仅是生态环境的问题，更是社会发展的问题。我国农村地区主要是依赖农业土地利用来获取经济收入，即便是通过各种途径促进农业发展，提高经济收益的潜力也十分有限，难以从根本上脱贫致富，实现乡村振兴。农村是生态资源富集的地区，农村生态产品价值实现具有促进农民增收、发展绿色农业、农村产业化、推动生态系统整体保护的重要作用。而古厝生态银行正是能够推动乡村振兴与生态产品价值实现的协同机制，涉及各方利益主体，在实践中需要了解他们对古厝生态银行的看法与态度，尊重他们的诉求。因此，在社会调查中，课题组主要是对政府工作人员、村民和投资者访谈了他们对古厝生态银行的看法。

（一）政府

总体而言，政府对于古厝生态银行的态度是积极的，对推动生态银行成立的巨福公司整合收储的功能表示了肯定，正如政府人员所说："如果这些资源放在那里，肯定是没有任何价值的，我们通过农村的综改资金，成立了巨福公司，主要把村里面村民的闲置的土厝、林地、土地，还有相关的村资产，以股份制的形式入股到公司，去统一管理，统一经营。（ZF-1）"由于乡政府不是经营单位主体，并且不具备公司经营的职能，闲置资源的流转、整合、打包提升等都需要巨福公司的推动，巨福公司在其中发挥了很大的作用。

另外，在政府工作人员的眼中，古厝生态银行的品牌培育作用也十分重要。通过成熟的大武夷品牌引领，带领小品牌拓宽市场，如蜂蜜、冰糖芋、山药等农产品，运用生态银行的交易平台进行推广展销，完善了购销

体系。

在实施古厝生态银行之前，巨口乡乡村面貌、旅游发展都处于一种十分落后的状态。村集体的财政十分薄弱，年收入 10 万元以下村庄有 4 个，10 万元到 20 万元的村庄 5 个，20 万元以上的只有 2 个。古厝生态银行实施的三年期间，已有村集体年收入达到了 60 万元，正如工作人员所说："原来（村集体年收入）10 万元以下的村已经没有了，现在 10 万元以上的村 5 个，20 万元以上的村也是 5 个，还有一个年收入已经达到 60 万元，通过古厝生态银行，我们沿线的村，工作收益还是能够看得到的，这个过程中，确实是有很明显的进步。（ZF-1）"古厝生态银行带动巨口乡增收明显，改善了乡村面貌，重振了村落精神。

（二）村民

对于村民而言，受到城乡二元结构、教育背景、传统思想的影响，本课题组进行实地社会调查时，发现很多村民都不知道古厝生态银行是什么。正如访谈者询问受访者时，受访村民表示不知道什么是生态银行，甚至有些村民认为生态银行就是一个银行。

村民将自家的资产流转到巨福公司很大程度上是由于一种从众的心理，看到大家都愿意流转时，自己也愿意，因此资产流转比较顺利。在鼓动村民流转积极性的同时，巨口乡也存在极少数的村民以土地维生，怎么都不愿意流转土地，但是在看到别人获得了土地流转、以地入股分红等收入后，也逐渐改变了观念。古厝存入巨福公司，巨福公司帮助户主修缮，20 年租赁期间，村民是没有租金收入的，对于这点在访谈过程中，村民认为，闲置的古厝不流转入巨福公司也会逐渐荒废，对于 20 年没有租金没有意见，20 年后自己能收回到修缮完好的古厝，也十分不错。

出现这样的情况是十分普遍的，乡村地区的人们往往没有考虑太多经济发展的东西，更多的是关注自己是否有收益、能否有好处以及土地收成等眼前事，这就体现了理解的偏差。

（三）投资者

家乡有发展的希望，乡贤就有了回来的盼头，投资者就有了进入的动力。在外的乡贤，投入部分资金，参与了古厝的修复，为政府工作的开展提供了助力。正如自筹资金，回到家乡，打造乡村民宿的乡贤所说："家乡是国家级生态乡镇，山清水秀。土木结构的古民居很有特色，承载着几代人的乡愁。原本破败的门庭和窗户修缮一新，让我感到十分欣慰。"古厝生态银行模式下，古厝一间一间地被修复，孩提时代的记忆逐渐复苏，乡贤们积极地加入了建设家乡的队伍中。

除此之外，投资者认为巨口乡确权工作开展得十分成熟，巨福公司收储资源已经有很好的基础，可为企业接收土地减少诸多信息不对称的风险。正如政府人员所说："所有收储过来的资源都是两证齐全、土地证齐全，我们才能跟村民签协议，他们这些原本的产权直接通过流转的方式，以股份制的形式，入股巨福公司。（ZF-3）"入股到巨福公司后，投资者能够快速、准确地与巨福公司对接，更加透明地签订流转协议，实现自然资源的规模化利用。总体而言，古厝生态银行使得资本进入巨口乡更加顺畅，更有保障。

（四）总结

总体而言，大家对于古厝生态银行的理解都停留在功能作用的层面，实际上，古厝生态银行乃至生态银行更深层次的内涵尚未被理解。乡村振兴战略中提出要加快推进农业农村现代化，农业要素市场化是农业现代化发展的必由之路，有助于要素合理配置和减少生态破坏、环境污染以及利于生态产业的良性循环[①]。古厝生态银行正是完成了这样的工作。古厝生态银行将巨口乡农业、

---

① 杨肃昌，范国华. 农业要素市场化对农村生态环境质量的影响效应 [J]. 华南农业大学学报（社会科学版），2021，20（4）：12-23.

生态要素集中于巨福公司，为农业市场化提供了发展平台与机制，进一步激发乡村振兴活力。为巨口乡乡村振兴搭建了城市的市场、资本、人才到乡村的桥梁，构建了城乡生态产品供需对接的渠道，增强了生态优势转化为经济优势的能力，推进生态产品价值实现和乡村振兴协同发展。

由于自然资源兼具资源、资本、资产"三位一体"属性特征，又与生态环境互为一体，这决定了生态产品价值实现在乡村振兴战略中的重要支撑和保障作用，直接体现在产业兴旺、生态宜居、乡风文明、治理有效、生活富裕五大目标上。对此，生态银行通过搭建交易平台，从供给侧改革入手，充分发挥市场的作用，迎合了促进产业兴旺的要求；通过生态环境的整体整治，为农村地区生态宜居提供良好的自然生态系统本底支撑；通过举办乡村艺术季、促进乡贤回归，为塑造文明乡风提供了途径；通过环境治理、提高村民参与性，实现了治理有效；通过对资源的规模化利用、入股合作，为实现广大农民群众的生活富裕目标提供多元化渠道。

五、小结

课题组在一个月的社会调查中，遍访巨口乡岭根北坑村、谷园村、馀庆

原味乡村游

村、九龙村 4 个行政村，大多数时候受到了村民们的热情欢迎，他们主动讲解古厝历史渊源，带领课题组成员参观古厝，积极表达自己对家乡发展的看法。可是，有些时候课题组也会被村民拒之门外，有的古厝主人对自己的古厝一问三不知。因此，为了能够更加顺利地进行调研，访谈过程中会给当地村民准备糖果、米酒等礼物，以表问候。

乡村发展需要各个利益相关者共同努力，调研发现，各个利益相关者之间，仍然存在古厝资源碎片化难聚合、村民的古厝保护意识不到位、企业资本的难以进入及难以挖掘生态银行深层次内涵等发展问题。如何实现生态产品价值？又如何实现乡村振兴？二者如何协同？古厝生态银行的出现，无疑为这些问题的解决方式赋予了新时代内涵。

第四章 古厝生态银行实施机制

古宅人家／宋晓东摄

古厝生态银行由政府和企业合资设立而成，是多主体参与的乡村振兴与生态产品价值实现的协同机制。结合自然资源三权分置改革，将分散化的古厝资源和优质的生态资源集中流转至古厝生态银行，对其进行规模化收储、整合、修复、优化，通过股权合作、特许经营、租赁、委托运营等形式，转换成权属清晰可交易的优质连片自然资产包，并结合发展文化创意产业、创办乡村艺术季、打造精品民宿、创建武夷品牌，推动人才、资本等各类要素的高效整合与有序导入，为生态文明建设和乡村振兴提供了新的路径。

第一节　古厝生态银行模式

生态银行是在"两山"机制的转化过程中形成，它并非真正的银行，而是一个生态资源价值实现和转化的平台。在保持生态系统价值的基础上，通过借鉴银行分散化输入和集中化输出的特征，古厝生态银行将零散碎片化的山、水、林、田、湖、土地、农业等生态资源和生态产品以及具有利用价值的文物、古民居、遗迹等文化资源通过租赁、转让、合作入股等市场化集中化收储，进行规模化整治，提升成优质资产包，再引入、委托和授权专业运营商导入绿色产业、对接市场和持续运营，实现生态资源的价值增值和效益变现。

巨口乡是自然资源集聚的经济后发达地区，自然环境优美、生态条件良好，11个行政村全部被评为市级"生态村"，拥有众多古厝、古宅及特色民居等建筑遗产，但由于发展产业的基础条件不足，且缺乏专人管理和开发，丰富的古厝资源大多被闲置，导致资源利用率不高。为了更好地保护历史悠久、内

馀庆村秋韵 / 陈立丹

涵丰富的传统村落，借着 2018 年延平区巨口乡被列入财政部农村综合性改革试点范围的契机，巨口乡探索建设古厝生态银行，围绕健全村级集体经济发展、完善乡村治理、构建农民持续增收和建立农村生态文明发展四大机制创新要求，立足于延平区优越的生态、区位、人文及资源禀赋，以古厝、古宅及特色民居等资源为依托，以信息交易平台为载体，以文化底蕴与艺术手段赋能，借鉴商业银行运营模式，搭建起资源运作新平台，将"绿水青山就是金山银山"变为现实。

首先，巨口乡精准摸底谋划，找准细分产业方向，对辖区内的自然、人文等资源进行摸底调查，全面整合国土、林业、水利、农业等部门的自然资源数据，对土厝、林地、土地和其他闲置资产等进行分类设计、分层处理，形成自然资源"一张图"，并通过研究谋划，立足古厝文化内涵丰富这一属性，选准乡村艺术旅游这个细分门类，围绕古民居资源保护和利用推动旅游产业发展。

其次，搭建联结平台，大力整合发展要素。以巨福公司为组织载体，统筹运作以古民居资源开发为龙头的乡村艺术旅游产业，与村集体、乡贤、村民、高端艺术运营单位及院校等建立四维联结关系，形成了"平台公司＋村集体＋理事会＋农户＋艺术单位"的合作格局。同时有效运作村内资源，将闲置资源资产入股到巨福公司，从而有效将集体经济与巨福公司在发展上联结起来。与乡贤构建组织联结，建立乡村振兴理事会，依托在外乡贤在资金、人脉、资源、威望上的优势，动员村民参与产业发展、募集资金投资基础建设、引入社会资源和旅游客源。再通过政企结合的稳固模式，与农户形成利益联结，乡政府和巨福公司鼓励村民将古民居装修提升成民宿为旅游产业做配套，并由巨福公司托管古厝民宿统一运营，留守本地的农户可到公司从事劳务工作，实现了共享发展效益的利益联结。与艺术单位形成互利联结，巨口乡投资5950万元打造自然学校、写生基地、培训基地、摄影基地、艺术家创作基地，吸引了众多文化基金会、艺术院校、艺术爱好者前来开展艺术创作。

最后，发挥杠杆效应，加快打造规模业态。巨福公司巧用杠杆效应，快速

留学生艺术创作

推进了一批可看可游有影响的乡村艺术项目落地。一是整合资源，吸引社会资金投入。巨口乡向上争取全国农村综合性改革试点试验区，获得 3 年 1.05 亿元财政补助资金，重点投入村集体村民增收、乡村治理、乡风文明等项目建设。此外，巨口乡创新投融资机制，积极与国家农发银行对接，撬动金融资本 8000多万元投入生态银行建设培训基地，扩大村集体收入。二是运用"补贴＋托管"杠杆，短时间实现民宿规模化发展。制定了《延平区巨口乡民宿扶持奖励办法》《延平区巨口乡村游地接奖励暂行办法》《延平区巨口乡农家乐餐馆扶持奖励办法》，引入社会资本参与古厝改民宿的项目，鼓励农户将古厝装修为民宿，并提升民宿标准，做精品、特色民宿，由此吸引了多家社会优质资本和运营团队。三是正确运用乡村艺术季影响力，集聚社会人气。引进上海阮仪三城市遗产保护基金会，连续举办三届乡村艺术季，并通过多个直播平台进行直播，同步在线人数最高达 200 多万人次，起到了很好的宣传推广作用。同期在上海、福州等地举办的 20 多场专项发布会，以及后续举办的戏剧、音乐和非遗文化表演及公共教育活动等都获得了良好的社会反响。

第二节　古厝生态银行实施

进一步盘活农村资产资源，深化农村产权制度改革，需要标本兼治、行之有效的措施方案，从而实现农村新兴产业发展兴旺、壮大村集体经济、有效实现增加农民财产性收入的最终目标。在这一需求驱动下，古厝生态银行实施方案应运而生，逐步形成了延平区巨口乡资源、要素双向流动的体制机制，走出了绿色金融创新的致富路。

一、古厝概念界定

古厝是巨口全乡范围内在集体土地上建造、产权清晰、处于闲置状态且能够安全使用的房屋（包括其配套设施和房屋周边的非农用闲置土地）。主要包括能够在实施加固、修缮后可进行旅游休闲等三产开发利用的农户闲置住宅房、村集体闲置用房和原卫生院、学校、站所等闲置房屋。

二、古厝精准盘活

（一）可盘活使用的古厝

1.产权明晰，无使用权争议。

2.配备完备的卫生设施，无环保问题。

3.通过安全检测，没有结构、地质、防洪、消防等各类隐患。

4.建筑规划必须符合政府相关规划工作，且近期未列入征迁计划（城市规划区内房屋应保证未列入3年内征迁计划），而且要注意原则上闲置农房的租赁期限最长不超过20年。

5.按照民俗保护要求，属于文物保护单位（点）的，应当根据其级别向相应的文物主管行政部门进行备案。

（二）古厝盘活步骤细节

首先，若有人自愿将闲置古厝出租，应当先向房屋所在地农村集体经济组织申请，组织对符合条件的古厝进行实地勘查、确定租赁房屋用途，出具允许租赁的审查意见，并由乡镇组织国土、规划、城建及新农村等有关部门人员进行复核及备案。

其次，乡镇根据房屋不同情况，通过回购、返租、入股或者结合实际因地制宜制定收储政策对房屋进行收储工作。

再次，经村收储后的闲置古厝资源，可由村集体经济组织或村民自行成立合作社开发建设运营，也可通过乡镇设立的交易平台、"古厝生态银行"等平台统一发布招商信息，吸引有正规资质及成功运营经验的工商资本主导开发建设。

复次，农户、村集体经济组织和承租方达成意向后，应当签订《房屋租赁合同》，明确三方权利义务，规范经营使用行为。

最后，对租用闲置古厝发展民宿、农家乐、养老、文化创意、农事体验等新兴经济业态的工商业主或个人，在办理相关经营执照时实行联合受理、联合审查、联合踏勘、联合审批制度。

三、古厝业态导入

（一）古厝开发改造限制

首先，禁止利用位于一级饮用水源保护区和地质灾害易发区等生态自然敏感区域内，以及房屋结构存在严重隐患、无法通过加固修缮等措施达到安全要求的闲置古厝。

其次，禁止利用闲置古厝资源兴办"低小散"类工业作坊以及从事其他违法违规行为。

最后，严禁以租赁方式变相进行农房或宅基地买卖活动。

（二）古厝业态开发选择

根据建设模式、资产分布的不同，闲置古厝资源的开发业态选择相对灵活。通常可以出租、合作、合资等方式，发展民宿、农家乐、养老养生、运动健身、艺术创作、旅游休闲、文化博览、电商服务、后勤基地、农业生产等模式，打造一批民宿（农家乐）集中村、乡村旅游目的地、健康养生基地、艺术创作中心和田园综合体。

一是推动发展乡村旅游，充分依托当地生态资源优势，利用闲置古厝资源开发乡村旅游产品，发展农家乐与高端民宿。

二是推动农村地区养老服务的发展，支持社会资本或村集体经济组织以独资、承包、合资、合作、联营等方式租赁闲置古厝资源，用于开办养老院、养护院、老年公寓、农村社会福利服务中心等养老服务设施。

三是推动公共资源的社会化利用，按照"能租不建"的原则，引导利用闲置古厝开展文化、教育、体育、医疗等公共配套服务，有效提升闲置古厝利用率。

四是推动人才引进，依托当地产业发展，支持有专业技术特长的科技人员、大学生和农科企业下乡开展技术指导和创业服务以创新利用闲置古厝。

（三）古厝开发注意事项

1. 对古厝、古民居等建筑遗产进行重点管控，集中保护与开发。

2. 对闲置宅基地、农房进行收储整合，开发民宿、康养、文创等产业。

3. 对闲置国有、村集体等资产进行集中管理、统筹开发利用。

4. 对低效开发经营的林地、耕地等资源，通过股份化等形式合作、收储，综合开发高效农业。

5. 对林地集中连片的资源进行收储流转，在保护其原真性的前提下，开发森林康养、休闲旅游、科学考察等产业，提升社会经济综合效益。

6. 对河流沿岸房屋、农田、湿地、码头等环境风貌进行综合管控，综合开发水经济。

四、古厝规范管理

加强流转合同管理。巨口乡推行闲置农房流转合同示范文本，引导相关组织规范签约，制定操作细则和配套政策，进一步完善相关制度体系，强化流转规范化管理。流转合同应当整合闲置资源，做好确权登记工作，并根据相关政策进一步明确房屋的流转用途、流转期限、房屋使用要求、维修责任、房屋返还、合同解除、违约责任和争议解决办法等主要内容，承租人在出租人书面同意和有关部门批准之前不得以任何方式擅自改变租赁房屋的用途，推动实现相关工作的制度化和规范化。

推进安全管理制度。设立相关部门对闲置古厝安全隐患进行动态监管并且安排专业人员定时检查，及时整改在排查过程中所发现的隐患，并定期上报相关情况；消防、环保、公安、卫生等部门要将对古厝的巡查、监督和管理机制常态化，设立专职人员专门负责，建立健全制度规范；承租人要定期检查建筑设施，保证房屋的建筑结构和设备设施符合各类安全要求，同时要严格遵守规章制度，严禁利用流转房屋从事违法违规的经营活动。

建立纠纷调节机制。解决好各主体之间的矛盾纠纷是更好推进古厝生态银行开发建设的必要途径，因此要努力探索建立村民、市民、居民"三民"融合共处机制，使各主体之间自身利益与集体利益得到有效平衡。同时村级组织要充分发挥矛盾调解主力军的作用，及时处理各行为主体因处理闲置农房资源流转使用而产生的矛盾纠纷，更好地推进古厝生态银行实施。

第三节 古厝生态银行保障措施

积极探索和践行"绿水青山就是金山银山"的转换机制，是贯彻生态文明建设和绿色发展的具体行动。延平区巨口乡以古厝生态银行为突破口，实现了"点绿成金"，其发展离不开各方面的支持。本节从政府领导、绩效考核、队伍建设、监督检查、宣传等方面为古厝生态银行实施提出了保障措施，拟为古厝生态银行建设保驾护航。

一、组织领导

古厝生态银行建设需要社会各界多环节的配合，因此加强各层级组织领导、提升配合协调效果是极为必要的举措。延平区有关部门要按照职能分工，搞好政策衔接，在制度建设、资金投入、配套实施等方面给予积极支持。针对具体问题，应成立专项工作领导小组，做好统筹协调，出台配套政策措施，建立和完善工作机制。

在实施古厝生态银行的过程中，领导小组起到总揽全局、协调各方的核心作用。延平区对古厝生态银行领导小组的建立尤为重视，在成员确定上经过了细致考量，以确保领导小组成员能够分工合作，发挥自身作用，给予古厝生态银行运行保障和支持。

由于试点工作时间紧、任务重、涉及面广、政策性强、创新度高，为加强对试点工作的领导，2018年延平区政府迅速成立了延平区"生态银行"试点工作领导小组，由赵明正区长担任组长，蔡剑心副区长担任常务副组长，区直各有关单位主要领导为成员，统筹推进"生态银行"试点工作。领导小组下设办公室在区财政局，负责综合协调、统筹指导、督促检查、考核考评等日常工作，注重发挥引领作用。实行试点工作每周一报，区政府分管领导每周一推进，区长每两周一协调，及时解决项目推进中存在的困难和问题，确保试点工作有序有力推进。

古厝生态银行领导小组成立后非常重视古厝生态银行具体工作的开展，不断发挥其职能作用，组织开展了古厝生态银行试点项目招商活动，组建了古厝生态银行专家委员会等，为生态银行的建设和发展提供了保障与支持，高质量、高效率的工作小组得到延平区政府的认可。

二、绩效考核

有效的规划需要设定相应的考核机制。古厝生态银行在建设过程中，按照方案设置的路线图和任务指标，加强对各部门、各村的考核，采取平时考核与年终考核相结合、定量考核与定性考核相结合、单项考核与综合考核相结合的方式，增强考核的科学性、准确性、权威性和实效性，保障了古厝生态银行任务的顺利推进和有效实施。

在完善的绩效考核机制带动下，巨口乡相关部门按照职能分工，搞好政策衔接，在制度建设、资金投入、配套实施等方面给予积极支持。同时做好统筹协调，加强古厝生态银行工作的组织领导，出台配套政策措施，落实责任主

巨口乡人民政府

体、明确工作责任，确保各项任务落到实处。

三、队伍建设

　　古厝生态银行涉及生态、金融、农业、林业、水利、旅游康养等多个领域以及大数据、物联网等新兴技术，对从业人员的专业技能和综合素质要求较高，需要培养和引进结合，引资和引智结合，专职和兼职结合。通过外聘、全职、兼职等多种形式，灵活积极引进有经验有水平的外部高端专业人才，同时通过招聘、培训、交流、挂职等多种途径，积极培育本地专业技术人员，打造既有国际眼光、熟悉国家政策走向，又了解巨口古厝发展实际的人才队伍。古厝生态银行现阶段取得的成果是最为有效的证明，强大的人才队伍支撑才是这一模式顺利高效运行的保障。为了能够更好、更高效地推动古厝生态银行各项工作顺利进行，延平区全面加强生态银行人才队伍建设，重点从三个方面入手：

　　一是组建古厝生态银行专家委员会。委员会成员的行业背景包括生态、投融资、旅游、农业农村、文化、政策法规等领域，后续根据实际需要逐步拓展。在职业背景方面，专家委员既包括来自学术界的院士、教授、学者，也包括相关行业的管理精英、技术专家，为古厝生态银行顶层设计、产业发展规划、业态设计、项目策划等工作提供了宏观指导和技术把控。在巨口设立科特派工作站，确定科特派工作人员，建立了福建江夏学院设计与创意学院科技特派员服务团队，开展生态旅游推介、文创设计、现代农业产业、旅游特色村等服务。并聘请了上海同济大学丁枫博士、西交利物浦大学董一平、中国美院罗永进、上海阮仪三基金会朱梦夏、华东师范大学张晖5位同志为科特派，充分发挥高校人才优势，服务传统村落保护和乡村振兴等工作。

二是组建巨福旅游投资有限公司。专业运营公司的建立能够为古厝生态银行试点工作提供专业化、商业化的支持，作为多渠道投融资、项目建设提升、招商包装推广社会化运营的载体，巨福公司与村集体、乡贤、村民、高端艺术运营单位及院校等建立联结，统筹运作以古厝资源开发为主的乡村艺术旅游产业，负责对接市场需要、策划产业项目、流转自然资源、开展基础整理、对外招商和项目运营等。

古村新产业

　　巨福公司引导鼓励农户将闲置的古厝和手上分散的农田、山场、鱼塘等自然资源"存储"到巨福公司平台，通过提升改造，巨福公司整合盘活了巨口乡闲置房屋等资源，策划生成延平区乡村艺术季、古村落保护开发利用、谷园现代农业产业园、圣丰农业生态园等 11 个示范项目。通过对原有社会资源的吐纳，以共享方式进行生活和旅游服务的提升，加快沿线旅游基础配套设施建设，推进高速路口游客接待中心、乡村旅游产品展示馆、沿线停车场等项目建设，提升了旅游服务水平，将基础建设、旅游项目和民生建设融合一体，带动全乡农业转型发展，使村民共同分享巨口乡文化旅游产业发展效益，促进了村民就业和增收。

生态养蜂 / 颜家蔚摄

　　三是实行特色做法和颁布各项政策吸引人才。南平市在吸引人才方面有以下特色做法：一是人才工作领导小组实行"双组长"，强化对县（市、区）人才工作目标责任制考评，形成党委统一领导、部门各司其职、社会力量积极参与的人才工作格局。二是设立市人才专项资金，全市每年统筹资金不少于 2 亿元，保持年增长 10% 以上。市级人才重大工程和重大项目，一般按照全省山区地市最优惠标准设计。三是集成式支持企业引才，围绕重点产业转型升级需要，5年遴选100家符合重点产业发展方向且年销售额增长高于同行业平均水平的成长型企业，按照企业实际支付人才经费60%的标准，给予年最高5000万元的集成式支持。四是引进储备一批党政高素质人才。借鉴"引进生"模式，面向国内外著名高校，选拔引进一批建筑、水利、交通、规划、经济、工商管理等紧缺急需专业硕士、博士。五是引进储备一批紧缺急需专业技术人才。采取紧缺急需专业人才专项招聘和"人才·校园行"组团式招聘、定向委培等形式，为教育、医疗等民生领域和乡村基层引进储备一批教育、卫生、农技、水利、规划、建筑等紧缺急需专业人才。六是实施人才"安居工程"，对新引进的高层次人才奖励60~120平方米人才房或30万~60万元购房奖励；对新到南平基层、企业就（创）业的高校毕业生提供购房补助、租房补贴或人才公寓等。七是基层党群工作者招聘计划。自2018年起，3年内组织选拔3000名基层党群工作者。除了以上的七项特色做法，南平市还颁布了《关于加强南平市人才工作的十条措施（南委发〔2017〕9号）》《关于进一步激发本土人才干事创业活力二十条措施（南委发〔2017〕20号）》《南平市人才住房保障暂行办法（南委办发〔2017〕20号）》《南平市重点产业人才引进培育实施办法（南委办发〔2017〕21号）》《南平市高层次人才享受市政府津贴实施意见（南人综〔2017〕108号）》等文件吸引人才进入南平市，推动南平市的发展建设。

巨口乡在南平市吸引人才特色做法的基础上加强人才培育和引进。一是基于巨福公司，引入专业化经营管理团队进行市场化运作，将巨口的特色古厝资源和良好生态资源整合打造，推进民宿管理、产品打造、项目策划、活动组织、配套服务、宣传推广等各个环节的运作专业化、标准化。二是优化创业创新环境，提供良好的政策环境和基础设施，引导本土手工艺人、新型职业农民以及其他地区的人员等来巨口创业创新。三是依托乡村振兴理事会，凝心聚力，积极引导身处全国各地的巨口乡贤为家乡发展贡献智慧和力量。四是引入技术与服务培训机构、开展职业技能培训等，为村民提供传统村落保护、经营管理等专业技术培训服务，提升乡村居民发展能力，促进乡村人才振兴。

四、监督检查

古厝生态银行事关广大群众的切身利益，在建设的同时需并行打造适用于古厝生态银行模式的实时监督体系，随时把握项目实施情况，对重要事项公开公示，比如流转政策、价格、进展情况等。并进一步完善公众参与、专家论证和政府决策相结合的决策机制，制定考核方法，完善评价机制，健全重大事项报告制度，以实时把握各地各部门的工作进展情况。

南平市高度重视古厝生态银行监督机制的建立，确保古厝生态银行在建立过程中的合法性、合理性，从而维护巨口乡广大人民群众、利益相关者的合法权益。2018年6月20日，南平市人民政府办公室发布《关于做好"生态银行"试点专题会议议定事项落实工作的通知》，明确生态银行工作由市政府统一监督。2018年9月16日，南平市人民政府督察室发布政府督察通知单《关于尽快做好成立市生态公司相关工作的紧急通知》，文件中要求由南平市人民政府监督南平市生态资源保护开发有限公司的组建，要求做到明确出资主体，明确董事、监事人选，保障注册资金来源。

2018年10月22日，中共南平市委督查室发布了《关于开展"生态银行"试点工作推进情况督查调研的通知》，南平市委督查室于10月23～26日赴县（市、区），对落实《南平市"生态银行"试点实施方案》（南委〔2018〕82号）开展督查调研。督查内容主要是专家委员会组建及工作开展情况，项目公司筹建情况，试点地区生态产业总体规划编制工作，自然资源摸底确权工作，资源收储工作。

2019年1月29日，南平市发改委和南平市自然资源局承办了南平市第五届四次人民代表大会进行《关于有效推进"生态银行"建设的建议》的相关讨论，听取了人大代表对生态银行建设的建议意见，接受人大代表的监督工作。

巨口乡各有关职能单位应加强对古厝生态银行相关情况的监测，遵守南平市政府的关于生态银行建设的工作要求，自觉接受监督检查，保证古厝生态银行工作有序有效推进，以切实发挥其综合效益。

五、宣传工作

优秀的资源需要有效的宣传带动，才能产生规模化的社会影响，进而形成旅游带动经济产业效益的全链条联动效果，实现古厝生态银行模式的价值。采取多种形式、全方位地宣传古厝生态银行对巨口乡的可持续发展具有重要意义，能够推进形成人人关心古厝、全社会支持可持续发展的良好氛围，打造新时代古厝资源开发的巨口模式。

重点宣传既是推广古厝生态银行理念的主要做法，也是让大众能够接受和理解其机制、价值的主要途径。这种推广使得古厝生态银行模式的预期目标和实现方法为大众所知，便于当地利益相关者和外部投资商理解古厝生态银行；同时可让更多的人关注到生态银行，从而产生舆论效应，更好地监督古厝生态银行的工作。

古厝生态银行实质上是通过对古厝资源的重新配置和优化利用，以实现综合效益最大化，解决资源变资产成资本问题。经过两年多的持续探索，古厝生态银行已成为巨口乡发展战略之一，实践成果得到中央部委及福建省的高度肯定，吸引了新华网、《光明日报》《闽北日报》《中国县域经济报》等各大媒体的关注和报道。2020年7月12日，《光明日报》发表了题为《闽北大地：古厝带着乡愁记忆醒来》的文章，介绍了焕发新颜与生机的古厝，报道中提到如今的巨口古厝已成为当地把自然生态、文化生态转化为金山银山的龙头和乡村振兴桥头堡。2020年11月15日，《中国县域经济报》刊发了题为《福建南平延平区巨口乡艺术赋能激活传统村落》的文章，报道了乡村艺术季的成功举办，吸引乡贤返乡兴业、村民重回田间地头，巨口乡的民宿、绿色生态农业等蓄势而起，资本、人才、技术等要素加速回流，让百年古厝实现文脉相承，让生态巨口实现艺术增美，为乡村振兴注入了新动能。

第五章

古厝变「金厝」

巨口乡员垱洲／陈德传摄

我国自古以农立国，农业是社会发展的基础，农业、农村、农民问题是关系国计民生、人民福祉的根本性问题，农村产业兴旺、生态宜居、乡风文明、治理有效、生活富裕是解决好"三农"问题的应有之意。古厝生态银行立足于巨口乡优越的生态、人文及古厝资源禀赋，以全国农村综合性改革试点为契机，梳理整合闲置古厝资源和优质生态资源，吸引社会资本和民间力量参与，以艺术介入的形式，唤醒、激活了乡村活力，将原本沉睡的乡村资源有效转化为资产资金，为保护开发蕴含传统文化基因的静态古居资源开辟了有效路径，对乡村的生活环境特别是公共服务体系进行了休闲化改造和现代化提升，使得游客能够更加便利地进入乡村，为久居城市的游客找到了一处可以留得住乡愁的栖身之所，同时破解了"富有的贫穷"，在一定程度上消解了城乡二元对立的格局，成为乡村振兴的"桥"和"路"。

第一节　古厝新家底

为破解我国生态资源富集地后发展地区资源"碎片化"问题，巨口乡精准摸底谋划，统筹各类生态要素，依托生态环境、自然资源、林业、农业等部门，利用遥感影像解译、土地调查、普查清查等多种形式收集数据源，并委托专业机构对巨口乡的自然生态资源全面摸底调查，以盘活存量、优化结构。

首先在自然资源方面，委托省国土厅遥感中心，利用卫星技术，全面整合国土、林业、水利、农业等部门的自然资源数据，通过分类设计、分层处理，形成自然资源"一张图"，包括林业资源、土地资源、水资源和矿产资源

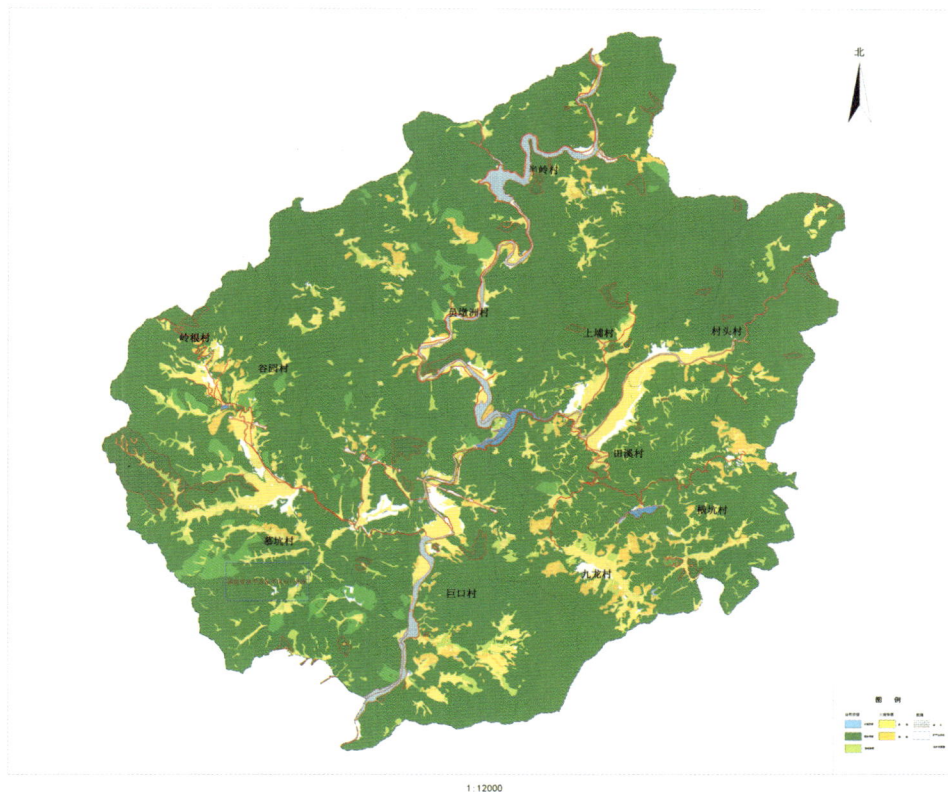

巨口乡自然资源"一张图"

（如附图 1～图 4 所示）。

　　在文化资源方面，委托西交利物浦大学对 5 个传统村落进行文化资源调查。调查结果显示，全乡有明清古厝 102 座，土厝 600 多座，目前已有 50 多座民宿由巨福公司负责改造提升。其中，上埔村的古民居从整体上保留了明、清徽派民居村落的基本面貌和特征，主要包括古民居 132 座，百年土厝 25 座，千年古道、古桥等保护完好的古建筑群。岭根村拥有大量保存完好的清末历史建筑，如保留了大量精美建筑细节的下新厝和重要宗教活动场所张公庙。谷园村古民居、街巷保留较为完整，现存清代古建筑 10 多座，规模较大的有吴家

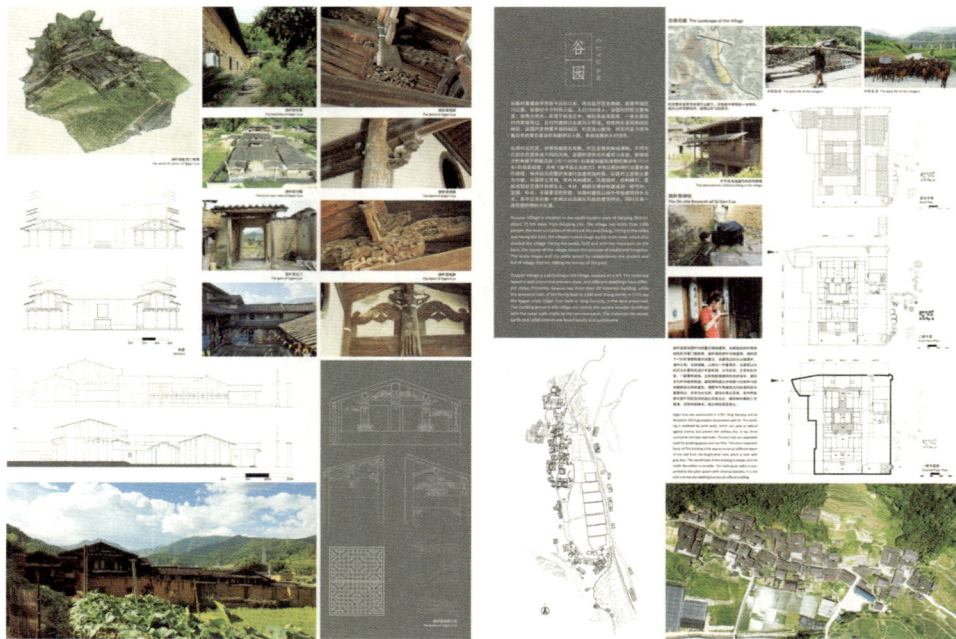

西交利物浦大学部分调研成果

祠堂和张家祠堂，另有《南平县志名胜志》中记载的明代古墓和清代炮楼，保存较为完整的有清代古建筑旗杆厝。九龙村目前全村有土厝房 100 多座，其中 300 年以上的土厝有 7 座，400 年以上的土厝有 2 座，土厝墙体装饰既有徽式建筑特点，又有苏杭建筑的轻灵，凝聚着他们的智慧结晶。此外，在建筑群中还有极具代表性的三口井和几条古驿道，反映了古代的生活场景。

在集体资产方面，委托武夷会计师事务所对村集体闲置资产、村民房屋进行调查，目前摸底 8 个村闲置集体旧礼堂等 16 座 12030 平方米，11 个停车场 45 亩，且 8 个村均同意将闲置村集体资产入股巨福公司。与此同时，推动实现自然资源资产统一确权登记，基本形成全域生态资源清单、产权清单、项目清单及生态资源底图，有效解决了长期以来存在的自然资源家底不清、权属不清等问题。

在此基础上，巨口乡委托同济大学城市规划设计研究院依托丰富的古厝

巨口乡古民居

资源优势，编制巨口乡传统村落保护与乡村振兴规划，高起点、高标准推进古厝生态银行试点工作，结合"绿色家底"摸清和发展规划编制，立足古厝的文化属性，选准乡村艺术旅游这个细分门类，围绕古厝资源保护和开发推动旅游产业发展，探索建立出了不同资源禀赋生态产品价值的实现机制，使巨口乡的闲置资源'活起来'，促进了古厝"生金"，赋予古厝新的价值与功能。

第二节　古厝换新颜

一、民宿产业

巨口乡结合古民居资源的优势和特色，选准以研学、古厝艺术为特点的文旅产业作为重点打造产业，推进特色民宿改造，制定了《延平区巨口乡民宿扶持奖励办法》，鼓励民宿经营主体提升民宿标准，做精品、特色民宿，激发乡贤造福桑梓的积极性，调动社会资本参与"生态银行"建设。目前，各村在外创业的乡贤大量回归，已在九龙、巨口、馀庆、上埔、谷园和岭根 6 个村共筹集投入民间资本近 1400 万元，6 个村有 23 座民宿 220 个房间已完成改造提升。根据课题组所获得的二手数据显示，2020 年巨福公司民宿及乡村干部管理学校培训营业收入为 40.54 万元，体现出古厝生态银行良好的市场化效果，也实现了保护与发展利用的良性循环。

（一）九龙村民宿

九龙客栈建于 2018 年，是由该村旧小学改造而成。由于人口大量外流，乡镇中心迁移，村里小学空间不足、设施简陋，不能够满足学生的需求，成为九龙村的闲置资源。2018 年，为有效利用闲置资源，经九龙村村集体同意，巨福公司对占地 1800 平方米的旧小学进行流转修缮，投资改建民宿。

目前，民宿有双标房、宿舍间和大床间，以适应不同游客的需要。在乡村艺术季活动中，已对外接待前来参加的艺术家、学生、游客等群体，收入可观，成为村民的一条致富路，原本寂静的乡村重新焕发了活力，沉睡的闲置资源产生了经济价值。

九龙村九叠厝占地约 300 平方米，建于 1978 年，土墙结构，为村民个人

改造后的九龙客栈

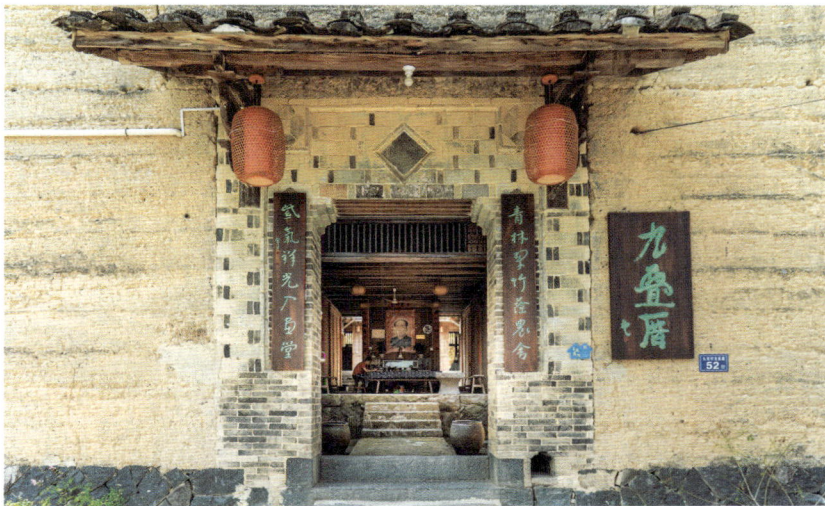

九叠厝

居住。村民家中年轻人常年在外工作，在城中购买新房，村内的房子留下不少闲置房间。经村民个人同意，将自家土厝闲置房间流转给村集体，再由村集体统一入股到古厝生态银行，按照民宿标准改造。在艺术季期间，曾接待国际游客和国内游客，入住率达100%，实实在在地带动了九龙村的经济发展。

（二）谷园村民宿

谷园村是国家级传统村落，谷园村土厝内为木质结构，风格独特，是就地取材且循环利用生土、木材、鹅卵石等材料建成的一种节约、坚固、朴实、冬暖夏凉、老少宜居的民居。经过两年综改，谷园村完成了路面硬化、污水处理、旱厕填埋等人居环境整治工作。如今，村庄美丽的容貌展现在眼前，原本位于村口的废弃池塘经改造后变成了观景池，清代古厝变成了漂亮的民宿，旧仓库变成了茶坊、酒坊，村容村貌焕然一新。

（三）岭根村土厝情

岭根村土厝情原为20世纪盖的土厝，为两层建筑，位于岭根村半山腰。

谷园茶坊改造前后

谷园酒坊改造前后

土厝情外部改造前后

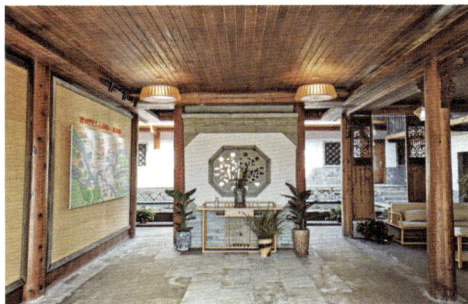

土厝情内部改造前后

岭根村作为巨口乡高速公路出口的第一个村庄，在位置上占据了优势，成为游客到访巨口乡的第一站。如今，土厝情已流转至古厝生态银行，改建成符合自身文化特质、风土气息的民宿，成为游客到巨口乡休闲放松的良好选择。

（四）馀庆村驸马厝

巨口乡馀庆村地处延平区东南部，是巨口乡最大的行政村，驸马厝占地面积 3.6 亩，建筑面积 2000 平方米，为清代风格建筑。祖宅内壁画、石板、旗杆、花纹等建筑构件保存完整，住 30 余户人，为高氏后代。经高氏后代几户人共同协商，驸马厝部分闲置房间流转至古厝生态银行。驸马厝的修缮遵循修旧如旧原则，模仿古代的私塾、茶室等，并融合现代的设计，成为馀庆村的一大特色旅游景点。

建筑是一个场所，是在活动中被感知的。巨口乡有数量众多的古厝资源，却被闲置，没有发挥出其价值。村民将古民居修缮提升成民宿为旅游产业做配套，通过商业化运作，古厝在保护中得到了发展和利用，被赋予了新的价值功

驸马厝

能，实现了共享发展效益的利益联结。

二、研学培训

巨口乡有保存完好的明清土厝 600 多座，依托农村综改政策补助资金，延平区创建"古厝生态银行"机制，把巨口乡各村闲置的旧礼堂、古厝民居、

乡村干部管理学院

校舍等资产，通过流转"存储"方式，盘活改造提升利用，建成了一批具有地方特色、培训功能齐全、环境优美舒适、与当地传统村落相融相生的教学设施。闽北乡村干部学校的建立，是中国社科教育培训中心与延平区委的合作成果。

学校设在巨口乡馀庆村，一期建筑面积6500平方米，拥有多功能厅1个，培训室2个，接待厅1个，沉浸式教室1个，录播室2个，能同时容纳500人培训学习，可以承接全国各地乡村基层干部。学校以推动乡村振兴、组织振兴、乡村人才振兴为宗旨，课程涵盖产业兴旺、生态宜居、乡风文明、治理有效、生活富裕等乡村振兴各领域工作，主要培训对象是乡（镇）和村两级干部、大学生志愿者、大学生村官、"三支一扶"及党群工作者等乡村基层干部。

村干部是投身于乡村一线的主力军，是帮助群众共同振兴乡村的引导人。闽北乡村干部管理学院的成立是建设高素质农村干部队伍的内在需要，可以满足实现乡村振兴战略的现实需求。学校关于现代农业发展、人居环境整治、发展壮大村集体经济等课程，对于乡村发展具有指导意义，能提升村干部对乡村振兴战略的认识，提高乡村干部素质和工作能力。

把国家级教学资源与农村综合性改革试点试验工作进行有效融合，闽北乡村干部管理学院立足延平、服务闽北、面向福建、辐射全国，着力培养输送适应新形势下农村经济社会发展要求、胜任农业农村工作的高素质基层干部队伍，为实现乡村振兴提供了坚实的人才和智力支撑，全方位推进了延平高质量发展。同时，闲置的土厝、礼堂、校舍和仓库也被赋予新的功能，成为乡村振兴的新引擎，形成可复制推广的农村改革创新性成果。

三、主题展馆

古厝生态银行展馆位于闽北乡村干部管理学院内，馆内陈列了延平区的风物特产、传统文化活动宣传照等，介绍了古厝生态银行机制，并以古民居为着力点，完整讲述了关于"古厝新生"的故事，成为延平区巨口乡传承古厝文

古厝生态银行展馆

化，展示乡村振兴成果，践行习近平生态文明思想的重要窗口。

巨口乡老区纪念馆位于村头村黄家大院，于 2021 年 6 月 28 日正式开馆。村头村革命历史悠久，底蕴深厚，是闽浙赣省委重要驻地和南古瓯游击队革命根据地，黄家大院曾是解放前共产党游击队的联络站。

在村头村黄家大院建设巨口乡老区纪念馆，是巨口乡党委、政府推进党史学习教育，发扬红色传统，传承红色基因的具体举措，为全乡党员干部、社会群众、青少年学生提供了一处革命历史教育基地。巨口乡老区纪念馆的正式开馆，开辟了全乡党员干部教育的新阵地，对于进一步缅怀巨口革命先烈的丰功伟绩，弘扬实践老区精神，加强革命传统教育和爱国主义教育，推进新时代党的建设具有重要意义。

古厝生态银行展馆和老区纪念馆的建设，保护和延续了古厝的传统格局和历史风貌，并在此基础上对其空间结构进行了优化和利用，使得原始脉络肌

老区纪念馆

馆内部分展图

理得以延续，同样也是古厝活化利用的生动体现，实现了古厝的整体性保护和活态传承。

四、乡村休闲

随着旅游成为人们的日常生活选项，休闲也已变成城乡居民的基本诉求。乡村休闲发展离不开包容共享的休闲空间和场景营造，巨口乡有一大批可亲近、可感受、可触摸的休闲新空间和新场景，如馀庆村最大的古厝驸马厝前的音乐广场、楠木林道和雀替咖啡馆等。

通过古厝生态银行这一平台，巨口乡统筹运作以古厝资源开发为龙头的乡村艺术旅游产业，为许多闲置的土厝、礼堂、校舍和仓库进行基础设施升级并赋予新的功能，使古厝满足当代旅游者的消费需求。雀替咖啡馆也是其中的创新性成果。

雀替是中国传统建筑中的特殊部件，安置于梁或阑额与柱交接处承托梁枋的木构件，可以缩短梁枋的净跨距离，宋代称"角替"，清代称为"雀替"，又称为"插角"或"托木"，集美观与受力功能于一体，是古厝建造者们追求

农闲时光

雀替咖啡馆

艺术性的外化体现。

雀替咖啡馆位于巨口乡馀庆村，藏在一栋充满历史故事的古厝中，是利用闲置的农舍改造而成，古朴厚重的古厝与现代风格的咖啡在中西文化的交融中相得益彰，再加上咖啡馆内部独具特色的雀替装饰，可以让来这里休闲放松的客人，拥有一处可以适当抽离现实的舒适空间。

位于古厝中的咖啡馆，更有它独特的吸引人之处，是因为它贩卖的不仅仅是咖啡，更是古厝的文化、思想和品质。游客在这里不只是简单地喝一杯咖啡，还可以在此欣赏到特色的雀替文化，突出了地方特色，留存了乡土记忆。

乡村本土文化和休闲场景是乡村旅游发展的关键要素。通过古厝生态银行和村集体对闲置古厝、古宅、特色民居等进行休闲化改造提升和市场化集中运营管理，越来越多的古厝、老宅、礼堂、校舍和仓库，在古厝生态银行机制下被赋予新的功能，体现出新的价值，"沉睡"的古民居资源得到了有效盘活，乡村风貌得以提升，打造出形色各异的民宿、研学培训基地等宜居宜游的休闲

雀替咖啡馆内部

空间，来访者可以在这里感受内涵丰富的传统村落文化，体会慢节奏的生活方式，村民的居住环境质量也由此得到改善和提升，实现了从美丽风景到美好生活的跨越，形成了主客共享的美好生活和休闲氛围。

第三节　村民更富裕

通过资源整合、优势分析，巨口乡确立了以研学游、艺术季为特点的文化旅游产业发展模式。同时通过市场化运作，整合资金资源，吸引社会资本，与村集体、乡贤、村民、高端艺术运营单位及院校等联结，推进了一批可看可游有影响的乡村艺术项目落地，并结合南平市"武夷山水""生态银行""水美经济"三大创新机制，探索资源规模化、资产标准化、产业集聚化的发展模式，促进了巨口乡产业升级和经济转型，增加了村民收入，走出了一条乡村振

在丰收的田野上

兴的绿色发展之路。

一、艺术点亮乡村

延平乡村艺术季由延平区政府与上海阮仪三城市遗产保护基金会共同发起，是在巨口乡所辖 100 平方公里范围内开展的国际当代艺术季，以山水环境、农耕土地以及传统村落作为展览与创作的空间，是中国第一个以乡村为主题的当代艺术季。

上海阮仪三遗产保护基金会长期致力于古城和古村落的保护工作，2018年年初，受延平区邀请，团队来到巨口乡考察后发现这里的古建筑保存完整且规模较大，具有一定的研究价值。2018 年 6 月，该团队与巨口乡签订"巨口计划"，意在以艺术形式挖掘古厝中逐渐消失的乡土文化，唤醒巨口乡沉睡的古厝资源。

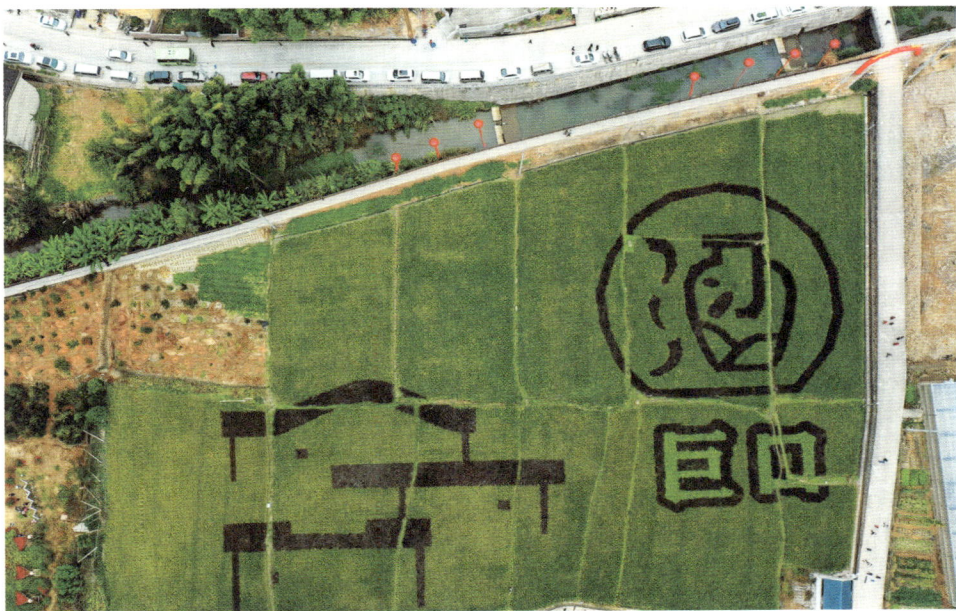

九龙村大地艺术

正如北川富朗所说"我们从自然中来，我们要利用好富饶的自然让当地人幸福"。巨口古厝承载了一代又一代人的记忆和文化，延平乡村艺术季正是参考了日本北川富朗以大自然作为创造媒体的大地艺术，旨在用艺术修复乡村、振兴乡村面貌，从而使村民获得幸福感，并将保护利用古厝与推动乡村振兴紧密结合起来。

2018年，首届以"艺术唤醒乡村"为主题的延平乡村艺术季举办；2019年，第二届艺术季主题为"艺术激活乡村"，通过激活乡村，赋予乡村发展的新动能。前两届艺术季的成功举办，为延平区乡村的经济、产业繁荣发展带来了很大的促进作用。2020年的延平乡村艺术季以"艺术赋能乡村"为主题，吸引了更多要素参与乡村发展，形成了"艺术＋旅游＋农业＋手工艺"的新经济形态。

（一）2018年乡村艺术季

2018年11月3日，主题为"艺术唤醒乡村"的"中国延平乡村艺术季"在巨口乡九龙村开幕。来自世界各地的优秀摄影家、画家、音乐家、设计师等艺术家前来参与艺术季开幕式活动。艺术季邀请到艺术家、艺术院校参与，驻地创作完成了62件作品。艺术作品内容包括绘画、雕塑、装置、录像、摄影、音乐演出、建筑设计案例、综合设计作品等。同时，还举办了"艺术唤醒乡村高峰论坛"，多方专家就相关方面进行了深入交流。该场艺术季为期三个月，目标在于通过对艺术家驻地作品的解读与表现，引发大众对土地和传统文化的思考，以及对当下乡村振兴热潮更深入的关注。

艺术季前期，在政府的支持下，九龙村动员村民提供闲置房屋与多余房间进行修缮，改造九龙小学校舍、装修现有村部礼堂，用以在艺术季开展时供艺术家创作、作品展示、举办集会活动与居住。

同时，为使乡村艺术季呈现出更好的效果，巨口乡对周围环境进行了集中整治：修整了村内道路、改善照明条件；动员村民种植花草树木来美化乡村；建造水塔，实行厕所改造，推进"厕所革命"；升级改造学校及村部食堂，

南音演唱

2018 年乡村艺术季作品图

鼓励村民开办餐饮店或农家乐、建立土特产收购与销售点，为艺术节期间艺术家、志愿者、游客提供饮食与土特产购买服务；加强交通设施建设，拓宽了公路，在艺术季活动集中区域附近增建了二至三个停车场。这些举措不仅为乡村艺术季提供了旅游服务设施，也极大便利了当地村民的生活，实现了对古厝的保护和再利用。

（二）2019 年乡村艺术季

2019 年 11 月 30 日，以"艺术激活乡村"为主题的"2019 中国·延平乡村艺术季"开幕式在巨口乡谷园村举办，在为期三个月的艺术季中，艺术作品驻地创作从九龙核心区扩大到谷园、馀庆、岭根北坑，把巨口全境作为艺术创作的大地展览馆。开幕式期间开展了巨口——中国游乐之乡灯展、小吃、戏剧节等活动，举办了古厝生态银行杯"古厝乡情·生态巨口"全省摄影大展开

2019 年艺术季作品图

幕式，还在展地及所在城市组织了展览、讲座、沙龙等多种形式的公共活动，对乡村艺术季起到了很好的宣传推广作用。

艺术季与上海阮仪三城市遗产保护基金会合作，邀请20多位优秀中外视觉艺术家、音乐人、建筑师、设计师，分批在巨口乡的谷园、馀庆、岭根、九龙村驻地创作室外中型半永久性作品18件。

艺术季还邀请国内外著名的艺术与设计院校师生参与主题类工作坊创建。来自同济大学设计创意学院的师生团队，联合中国非遗艺术家在巨口乡谷园村，发起可持续艺术设计工作坊，探讨学习中华民族传统扎染艺术。武夷学院组织美国、俄罗斯、哈萨克斯坦、伊朗等"一带一路"留学生来到巨口乡开展语言实践周活动，并在巨口乡九龙村举行武夷学院海外教育学院研学基地揭牌仪式等。

此外，乡村艺术季还吸引了各类协会驻地创作并在巨口建立实践基地，

外国学生实践调研

摄影大赛获奖作品

摄影大赛获奖作品

与省摄影家协会、福州海峡影时报社有限公司举办古厝生态银行杯"古厝乡情，生态巨口"全省摄影大赛，邀请厦门水彩画院驻地创作并留下水彩画20幅。

本届乡村艺术季依托"古厝生态银行交易中心"这一公益性质的闲置农房流转交易服务平台，充分运用"互联网＋多形式合作"的模式，组织供求双方进行信息发布、流转交易、合同签订、交易鉴证，确保流转双方的合法权益，实现了对现有村落中空置房屋的保护和再利用。目前古厝生态银行交易中心已收储巨口乡闲置礼堂、古厝等房屋100多座。其中，重点对村中空置的小学、礼堂、村委会建筑进行改造，转变为为艺术季服务的旅馆、展厅、驿站、办公等新空间，某些老屋也作为艺术家创作的对象进行了改造或保护，作为民宿、餐饮等服务设施。

（三）2020年乡村艺术季

2020年11月，以"艺术赋能乡村"为主题的艺术季在福州三坊七巷举行，在传承和总结往届活动的基础上，这届艺术季活动突出乡村"夜经济"，并结合"武夷山水""生态银行""水美经济"三大创新形式，形成了艺术＋旅游＋农业＋手工业的新经济形态，更注重体验性、互动性、延续性和带动性。通过活动将部分项目转化成乡村旅游的固定体验内容，旨在打造"不落幕的艺术季"，呈现出"艺术赋能"实效性，实现从"唤醒"到"激活"再到"赋能"的质的飞跃。

此届艺术季内容精彩纷呈，有些活动已成为可固化业态：艺术节开办了文创市集，进行"守道创艺"造物展，展出的作品包括植入当地文化和物产元素的传统手作与文化创意商品，体现出非工业的现代乡村经济业态。在古驿站附近举办了稻田艺术节，进行稻田音乐会、稻田造物展等活动，在林厝埕进行手工艺展，展示茶洋窑、竹编、剪纸等传统手工艺，并以进士院旗杆厝作为艺术创作体验区。丰富多样的体验活动延长了游客在当地的停留时间，从而增加了在地消费，产生了较好的文化效益和经济效益。

2020 年艺术季艺术作品展

从 2018 年的艺术"唤醒"乡村到 2019 年的艺术"激活"乡村，再到 2020 年的艺术"赋能"乡村，巨口乡一步一个脚印，走出了一条"艺术＋古厝生态银行"的创新发展之路，向全国乃至全世界打开了一扇窗。"独特带来的改变"必将代替"落后引发的关注"，甚至成为展现乡村活力和生命力的理由。关于乡村与当代艺术的融合，除延平乡村艺术季外，全国各地也有探索，如浙江乌镇国际当代艺术邀请展、东莞道滘艺术节、山西晋中许村国际艺术节、遵义市桐梓县羊磴艺术计划等，百度相关搜索共达4000万余条，其中延平乡村艺术季颇受关注，百度相关词条搜索93000余条，并赢得各大报刊深入报道。

对于大多数外出的村民来说，人与土地以及人与家族的情感是乡愁的主要组成部分，古村落传统文化是乡愁的重要载体。乡村艺术季的举办，为巨口乡带来了浓厚的艺术气息，也让更多的村民重新找到了自己的价值，如一些传统手艺的展现与传承，大大提高了村民的幸福感、自豪感与满意度，越来越多在外创业的乡贤也开始返乡推动乡村重建。同时，通过艺术季的形式保护传承自然文化遗产，探索乡村品牌化路径，并由此导入"艺术乡建"，吸引更多人走进乡村、体验乡村。巨口乡切实走出了保护开发蕴含传统文化基因的静态古厝资源有效路径的第一步，也走出了一条将文化资产转变为金山银山的乡村振兴之路。

二、农户变"储户"

在以第一产业为基础的情况下，巨口乡引入发展第三产业，以艺术＋乡村＋旅游的形式打造乡村旅游产业链，带动巨口乡经济发展。通过古厝生态银行机制，已吸引社会投资7000多万元，修缮古厝100多座，带动300多位农民就业。村民、村集体将古厝、废旧礼堂、闲置小学、停车场等资源入股巨福公司，使得资源变资产、村民变股民，由此定期享受稳定持续的红利。有村民通过将古厝改造成民宿，储存到古厝生态银行中并由其托管，一年累计接待了各地的艺术家、高校师生、书画爱好者1000人次，获得经济效益100多万元。由此看来，村集体和村民不仅获得了土地和房屋租金、获得了入股经营性收益，还通过相关配套服务产业实现了在家门口就业。

同时巨口乡发挥乡村振兴示范带动作用，充分利用财政部农村综合性改革试点资金，进一步整合提升古厝资源，发挥四维联合，与村集体、村民建立

秋收时节

丰收的喜悦

起更加紧密的利益共同体。引入专业化经营管理团队，加强市场化运作，持续在吸引人气、高标准管理民宿、带动农产品营销等方面做足文章，使得村民人均年收入增幅 13%，增加了 2000 多元，实实在在提升了村民收入。

　　经过多年发展，巨口乡农村产业融合水平大幅提高，吸纳大批农民就业，在改变乡村面貌的同时，也为农民提供了新的收入来源、优化了收入结构，提高了一、二、三产业之间的衔接度，为当地村民收入持续增长创造条件。

三、古厝"品牌溢价"

　　古厝生态银行注重与南平市"武夷山水""水美经济"发挥联动效应，充分利用生态资源优势，发展乡村生态农业，扩大无公害农产品、绿色食品和森林食品生产，重点打造出笋干、冰糖芋、山药、蜂蜜四大农特产品，并依托当地龙头企业圣丰生态农业发展有限公司，打造了涵盖闽北各地 100 多家合作

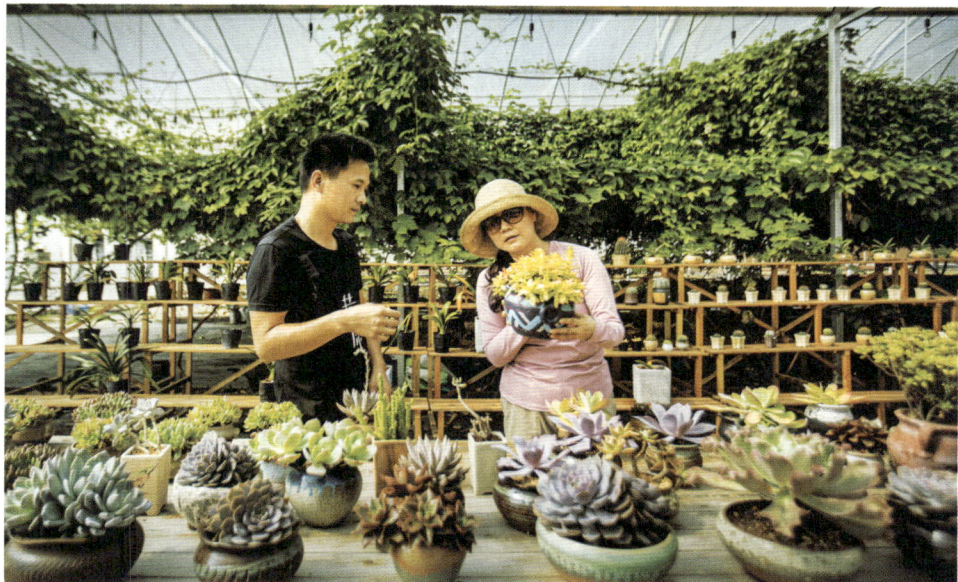

谷园现代农业产业园

社、家庭农场在内的南平润祥合作社联社以及谷园现代农业产业园、岭根艾草园建设休闲农家乐、艾草种植园、艾叶养生馆等。

与此同时，充分发挥武夷山"双世遗"品牌优势。从烟叶、蔬菜、油茶、蜂蜜、野生食用菌等优质农产品入手，充分利用巨口特有的风情民俗、田园风光、自然环境、乡村院落、农耕文化等资源，向旅游、工业等领域延伸，推进农业、林业、旅游、康养等产业融合发展，打造覆盖全区域、全品类、全产业链的"武夷品牌"。

经过两年多的运营推广，"武夷山水"品牌影响力不断增强，品牌效应日益凸显，带动了生态产品的溢价增值，茶叶、竹笋、大米、果蔬、食用菌等品牌农产品销量和价格逐年提升，走出了品牌带动、经济生态相得益彰、互促共进的绿色发展新路子[1]，实现了生态资源优势向品牌化、质量化建设的转型，大幅提升了农产品销售的平台等级，使生态产品体现出"生态"的标签与内涵，实现了生态价值的经济溢出。

此外，乡村艺术季以当地文化结合艺术呈现形式，探索"乡村品牌化"路径，吸引更多人走进乡村，体验乡村生活，在一定程度上拉动了游客在当地的农旅产品消费，使得艺术赋能农业生产和生活；吸引了10多家国内文化旅游企业前来洽谈养生项目、民宿改造旅游项目、农业旅游项目等。在这个过程中，资金和文化的注入，推动了巨口乡品牌培育、打造品牌体系，形成了良好的口碑，进而带动了游客的二次消费。这些都变成了农民增收的动力，进一步促进乡村文旅与产业振兴深度融合，为乡村振兴赋予强大动能。

"武夷山水"区域公用品牌、古厝生态银行、水美经济建设为巨口乡实现生态环境"高颜值"、经济发展"高素质"持续注入动能，让"绿水青山"变成了"金山银山"。

---

[1] 朱其勇. "武夷山水"扎根本土优势 品牌发展赋能"绿色南平"[J]. 福建质量技术监督，2021（2）：24-25.

第四节　乡村更秀美

　　作为国家级生态乡镇，巨口乡自然环境优美，山水资源丰富。古厝生态银行要求在改造修缮古厝的同时，也应注重对"山水林田湖草沙"生命共同体的整体性保护，对周边的生态环境进行系统整治。通过建立农村生态文明可持续发展机制，高标准进行美丽乡村规划，多举措改善农村人居环境，使得巨口乡的生态环境品质得到极大提升。

　　巨口乡邀请上海同济大学名城中心对全乡 11 个村进行总体规划，对生活功能区、公共休闲区等进行科学合理的设计，采取新造、补植、封育等措施绿化美化村容村貌，完善水、电、路、信等基础设施建设。其中，在 2018 年治理河道 6 公里，河道清淤长度 5127 米，新建防洪堤 800 米、护岸 2800 米，

馀庆廊桥

巨口乡河道治理

亲水平台 8 处；上埔村、巨口村、馀庆村、九龙村建星级旅游公厕各 2 座，田溪等 7 个村建公厕 15 座；建设集镇的污水管网 3 公里、集镇污水处理厂、上埔村污水处理厂，完成 360 户三格化粪池建设，引进金锣水务公司进行村头村、田溪村、横坑村污水处理，提高了农村污水处理能力和效率。

在农村公路方面，九龙至黄田拓宽至 6.5 米，长 12 公里；赤门至巨口802 县道沿线景观提升 18 公里；巨口至溪口拓宽至 6.5 米，长 12 公里；乡内道路新建 4 公里，拓宽 13 公里，修建安保设施 85 处 6 公里。建设绿道及观

谷园集萃园改造前后

景平台、修建停车场 4 个、投资运营共享单车 500 台，提升并补充完善了交通出行系统。

同时，因地制宜进行垃圾分类、收集、转运、处理，建立垃圾中转站和阳光堆房，按照"户分类、行政村二次分类、乡转运、区处理"模式，有效

北坑村入口处改造前后

馀庆村停车场

若洋晒谷场

北坑小学改造前后

处理垃圾，逐步实现村庄垃圾源头分类、就地减量，提高资源化利用与无害化处理水平。

巨口乡结合自身的资源禀赋，发掘文化体验、生态涵养和休闲观光等功

延平区武步溪水美景观

巨口乡员垱洲

能和价值探索出"生态+"模式,推行"河长制""路长制",实施武步溪巨口段"和美乡村"项目建设,创建孔蛇坂省级湿地公园。在农村综合环境治理的基础上,改造提升缤纷水岸休闲带,建设具有湿地保育、退化湿地恢复、湿地旅游、湿地科普教育、湿地资源可持续利用与新农村建设等功能于一体的省级湿地公园项目,进一步改进了巨口水美和自然景观,使巨口乡村容村貌得到全面提升。

乡村的空间布局、基础设施、公共服务、生态环境等要素影响着游客对休闲服务的获得感。如今的巨口乡,休憩草亭、荷兰池、观荷小桥、步行栈道、乡村公路、旅游厕所、观水平台等设施一应俱全,原来杂乱、荒芜的小乡村变得干净、有序,散发着乡愁味道的古厝、村落、古街连点成线[1],游客进入的便利性也随之提升,成为外地游客和本地居民能够共享的美好生活空间。

---

① 薛志伟. 乡村古厝变"金厝"[J]. 中国中小企业,2020(12):64-65.

第五节　治理更有效

　　治理有效是乡村振兴的助推器，多元主体参与乡村治理与乡村振兴具有较强的内在契合性，能够为乡村发展输入能量。巨口乡古厝生态银行，通过构建多元主体协同治理机制，将村集体、乡贤、村民、高端艺术运营单位及院校等多方主体联结起来，推动了农村集体经济发展壮大，多元共治、平等参与、协同包容在巨口乡乡村治理中得以充分体现，有效促进了巨口乡文化旅游产业的稳定持续发展。

　　首先，延平区组建了巨福公司。统筹运作以古厝资源开发为主的乡村艺术旅游产业。巨福公司整合盘活了巨口乡闲置房屋等资源，将基础建设、旅游项目和民生建设融为一体，通过对原有社会资源的吐纳，以共享方式进行生活

九龙村田园乡间

和旅游服务的提升。

其次，与村集体构建发展联结。 村集体将闲置的集体资产入股，有效地将集体经济与巨福公司在发展上联结起来。巨福公司注册资金共1100万元，其中，巨口乡及8个国家级、省级传统村落以闲置资源、资产入股，占股49%。文化旅游产业发展与村集体经济紧密结合在一起，使得巨福公司和村集体形成了利益共同体。

再次，与乡贤构建组织联结。 乡贤建立起乡村振兴理事会及旅游公司。巨口乡有大量在外从事游乐业等产业的成功乡贤，巨口人在全国从事游乐产业投资经营近30年，从事游乐业的企业超过1000家。基于大量的乡贤资源，巨口乡在乡党委、政府的主导下，组织乡贤建立起乡村振兴理事会。充分发挥

九龙村乡村振兴理事会

理事会成员在资金、人脉、资源和威望等方面的优势，动员村民参与产业发展、募集资金投资基础设施、引入社会资源和旅游资源等，加大了内外部资源整合力度。2018年以来，上埔村125个乡贤注册1.28亿元成立南平上埔生态旅游有限公司，九龙村10个乡贤注册1000万元成立了福建南平聚龙生态发展有限公司，馀庆村18个乡贤成立南平延平区馀庆旅游开发有限公司，谷园村乡贤吴继珠注册6000多万元成立巨口乡金谷生态休闲观光园，岭根村乡贤陈官平建设艾草庄园等。

复次，与农户形成利益联结，积极鼓励村民充分参与。乡政府和巨福公司鼓励村民将古厝装修提升成民宿，为旅游产业做配套，并由巨福公司托管古厝民宿统一运营，留守本地的村民可以到公司从事劳务工作。一方面，通过将古厝装修提升为民宿，充分利用了村庄闲置资源，实现闲置资源价值提升；另一方面，由专门的运营公司——巨福公司统一运营，保障了民宿服务的专业性和质量水准。通过房屋出租和劳务工作等途径使村民共同分享巨口乡文化旅游产业发展效益，促进了村民就业和增收，实现了共享发展效益的利益联结。

最后，与艺术单位形成互利联结，吸引艺术单位开展多种艺术活动。由科技特派员上海同济大学丁枫等6位文旅专家驻地指导，巨口乡打造了巨口自然学校、写生基地、艺术家创作基地，吸引众多文化基金会、艺术院校、艺术爱好者前来开展艺术创作，还举办了一系列艺术活动，如摄影大赛等。在为艺术单位提供写生基地、活动场所的同时，艺术家们也在巨口留下了各类艺术作品200余件，为巨口乡增加了新的文化元素，形成了新的旅游热点。此外，还开展了"引智"工程，设立科技特派员工作站，建立了福建江夏学院设计与创意学院科技特派员服务团队，开展生态旅游推介、文创设计、现代农业产业、旅游特色村等服务，形成了"平台公司＋村集体＋农户＋艺术单位＋科特派"合作格局。根据巨口乡和巨福公司的统计，2020年巨口乡接待游客超10万人次，仅2020年10月至今，巨福公司营业收入超过80万元，给入股的8个行政村分红超过20万元，真正实现了村集体经济

九龙绿色山村

的发展和壮大。

巨口乡不断推进农村综合治理协同高效，调动各方参与社会治理的积极性，整合各方治理资源力量、创新治理方式方法，形成村集体＋乡贤＋村民＋高端艺术运营单位＋院校治理的协同治理格局，破解了乡村治理难题，形成乡村社会治理有效、充满活力、和谐有序的良好局面，为巨口乡打造高颜值家园创造了良好的政治生态和社会生态，对加快推动乡村治理体系和治理能力基本实现现代化、推动乡村经济社会高质量发展具有重要意义。

新时代背景下，解决好"三农"问题成为党和国家工作的重中之重。为适应人民对美好生活的需要，乡村振兴战略提出了"产业兴旺、生态宜居、乡风文明、治理有效、生活富裕"的总要求，为发展"三农"、解决"三农"问题提供了新思路。巨口乡立足传统村落资源丰富的实际，按照"保护与开发"并重的原则，创新性开展古厝生态银行工作，深度挖掘整合散落在各个村落的文化瑰宝。通过文化振兴、乡村艺术季品牌的打造等，以古厝生态银行为平台，以生态文明建设为突破点，以多元协同治理为着力点，以农民持续增收为落脚点，发展文化创意产业，实现了农民精神富足和生活富裕，构建起乡村休闲和乡村旅游长远发展的现实基础，打通了资源变资产、资产变资本的通道，实现了经济发展与生态保护共赢，成为乡村振兴的有效途径。

第六章

展望

随着乡村振兴战略的深入实施，农村生态资源的合理利用与持续推进"两山"转化的创新实践仍有很长的路要走。古厝生态银行是合理地利用当地现有资源，将其生态价值转化为经济价值的机制，促进了有为政府与有效市场的互联互通，为古村落与古厝保护与发展提供了思路。巨口古厝，本是承载着珍贵历史文化的"珍宝"，却在城镇化发展中默默地消逝。2018 年，借着综改的契机，巨口乡先行先试，开展了古厝生态银行探索。探索至今，在各界见证下，古厝生态银行已取得卓越的成效，为拥有同类型资源禀赋的广大农村地区提供了可复制、可推广的"巨口经验"。

古厝生态银行仍在不断发展完善过程中，一些问题值得注意。

首先，"三资"转换通道有待打通。目前，巨口乡生态产品价值实现的途径主要包括财政补贴、综改资金、生态产业化经营（民宿经营、艺术旅游、乡村旅游等）。这些举措一定程度上将生态价值转换为经济价值，但收效不是很明显，内生动力不足，并且，从前巨口乡以传统农业发展为主。由于农业生产经营活动存在利润低、风险高、贷款周期长以及融资难的问题，金融机构参与农村金融市场积极性低，巨口乡难以得到金融的支持。古厝生态银行本质上是一个自然资源资产运营管理平台，"三资"转化中仍然需要借助金融机构来撬动资本，而平台资产有些是集体资产或无产权资产，金融属性不强，银行难以估价，无法获得正规经营牌照，没有完全实现市场化运作。

其次，品牌培育仍需加强。巨口乡乡村艺术季连续举办三年，具有了一定的知名度，但未能有效带动当地经济发展。在品牌管理方面，忽略了品牌地理标志的认证与管理，未注册产品商标品牌，缺少宣传推广。巨口乡尚未成立与旅游有关的产业协会，也没有乡村旅游管理标准化体系。并且，巨口乡本身交通不便，基础设施不完善，例如，停车场、公共交通等亟须改善，导致了游客重游率下降。村中大多是老人，难以参与经营与旅游相关的产业，缺少发展的人才。

因此，古厝生态银行在下阶段探索实践中，需注重对生态产品的进一步量化，探索设立统一的交易单元、建立生态资源、生态产品市场化交易机制，以经济杠杆调动保护生态环境的积极性。积极引导各类资源要素向生态产品生产流动，建立服务生态产品开发的金融体系。支持社会力量参与生态环境保护和生态产品生产，逐步提高生态产品生产和服务在经济社会中的比重。加强利益相关者对金融、产权制度等政策的认识，提高村民参与的积极性。完善保障机制，降低和分散农村金融体系的系统性风险，改善农村金融服务，放活农村金融市场。

同时，以综改资金撬动社会资金，层层把关进行招商引资，引进专业的公司、专业的品牌方来帮助运营。发挥比较优势，扩大影响力，走出山区特色发展路子，把生态优势、资源优势转化为经济优势、产业优势，打造具有鲜明特色的巨口区域品牌。

后记

　　古厝有故事，山水皆文章。巨口乡拥有优美的自然环境，同时也拥有历史悠久，独具特色的古厝，每一座古厝都承载了其特有的历史文化，唤醒过去，赋能未来，即便养在深闺中也难以挡住它的耀眼光芒。然而，这样的古民居建筑却在逐渐衰败的乡村中沉睡，逐渐消逝，大多数人都遗忘了它曾经的重要性。

　　漫步巨口乡，眼看着许多古厝人迁屋残，几乎成为空洞标本。因人口外流，许多传统古村落的活力慢慢被抽空，这些古建筑散落乡间，村民们守着"宝贝"却不知道如何开发利用。然而老则老矣，却伴着气定神凝，毕竟曾人丁兴旺，曾有过美丽的故事发生。令人欣慰的是巨口古厝并没有被今天的繁华时光所抛弃，在综改的助力下，实行古厝生态银行，致力于盘活古厝，赋能乡村。古厝生态银行已开展了三年，三年的时光中，在巨口乡以及课题组的不断努力下，以综改资金撬动资本进入，为村落发展注入了财政活力；以艺术季来唤醒、激活、赋能乡村，注入了文化的动力；搭建平台，为巨口乡解决了困扰许久的资源分散化、碎片化的问题。

　　树有根而坚固茂盛，水有源则长流不息。今日延平，土厝老屋重放异彩，绿色生态产业生机勃勃，它们相得益彰，形成了"1+1>2"的效应。今日的巨口乡，旧貌换新颜，成功吸引了来自全国各地，乃至世界各地旅游者、游学者来到这里，共同保护各类文化历史遗存，体会乡野的美丽风光，感受大自然与艺术融合的氛围。今日闽北，数以百计的古厝土厝，借力古厝生态银行、乡村艺术季、田园综合体等多种保护与开发形式，焕发生机，成为当地把自然生态、文化生态转化为金山银山的龙头和乡村振兴桥头堡。

　　巨口乡的困境是我国广大农村地区普遍面临的困境，往后，生态银行也会在其他类似巨口乡的地方开花结果，蓬勃发展。乡村振兴既要塑形，也要铸魂。乡村古厝，既是乡村的形之所在，更是其魂之所系。只有千方百计让文化遗产"活"起来，才能让珍贵的文化遗产重焕光彩，让文脉更好地传承下去，让乡村成为农民奔向小康生活的美好家园。如何让古厝与现代文明相适应，"活"在当代，不断传承，不断发展，值得深思。

致谢

到此，书稿完成，收获良多。课题组多次前往巨口乡实地调研，不知不觉也产生了别样的感触。这些传统村落斑驳而丰富地呈现着它动态的嬗变的历史进程，是中国大地上的"活化石"。正如上海阮仪三城市遗产保护基金会秘书长丁枫所说："这些古村落是一个地方的文化遗产，如果荒废下去，未来人们如何维系乡愁，如何去探寻和保护祖先的文化？"正是有了这样的信念，使我们在保护与发展古村落的道路上越走越远。筚路蓝缕，以启山林，没有可资借鉴的经验和样本，一切都从零开始。其间，很多人给予了我帮助，让我每每想起，总是心生感激。

一谢各位专家，巨口乡古厝生态银行的开展与成功实践，离不开众多专家的建言献策，不辞辛苦来到巨口乡，共同为巨口乡生态银行的发展提出了宝贵的意见。

二谢参与的各方主体。包括南平市、延平区、巨口乡，市、区、乡、村各级领导与工作人员的全力支持，使试点顺利开展，并取得了良好的成果。感谢上海阮仪三城市遗产保护基金会，为共同保护古村落而努力。

三谢课题组成员。在生态银行研究过程中，感谢我的课题组成员张悦、莫杰、田小左、杨文婷、陈嘉琪、张雅婷、张姝琳、陈雪儿等人。对于每一位参与课题的成员而言，跨学科的研究涉及方方面面，但大家都尽心尽力，竭尽所能地融入课题研究。

四谢为本书撰写提供资料的巨口乡政府、曲利明老师与延平区摄影协会，为本书提供了大量的二手资料，丰富了本书内容；还提供了精美图片，使本书阅读起来更富趣味生动。

艰难困苦，玉汝于成。最后，感恩书稿撰写过程中给予我支持的朋友、同事、学生们！我长期从事生态产品价值实现的研究，明白在古村落中生态保护的道路还有很长，对生态银行的研究也会不断深入，衷心祝愿巨口乡能够在下一步的实践中不断总结完善，进一步激发活力和动力，为广大乡村地区古村落提供可以借鉴的经验。

附件

一、社会调查相关表格

本次社会调查选取巨口乡岭根村、谷园村、馀庆村、九龙村 4 个行政村，调查对象包括 4 个村的村民、乡政府和村委会人员、巨福公司负责人、上海阮仪三遗产保护基金会负责人、投资企业家，重点围绕古厝生态银行工作中巨口乡中各方利益相关者的利益诉求、土地流转、旅游开发经营等事项的观点认识进行深度访谈，对访谈得到的一手、二手资料分类整理和编码后提炼出主要观点，最后将访谈的数据归为四大类：冲突领域、消极因素、积极因素、发展期望，得出：消极因素的存在导致了冲突领域的形成；积极因素的存在，使得各方利益主体对于巨口乡的发展抱有积极的期望。

以下表格分别为受访者基本信息表、数据获取来源表以及各级编码示例表。

表 1 受访者基本信息

受访者类别	地点	职业	访谈时长
村民	岭根村	退休村委	54 分钟
	岭根村	县城工作	1 小时
	谷园村	退休村委	40 分钟
	谷园村	务农	30 分钟
	谷园村	务农	25 分钟
	谷园村	务农	20 分钟

受访者类别	地点	职业	访谈时长
村民	谷园村	退休村委	23 分钟
	谷园村	原乡医	28 分钟
	馀庆村	务农	27 分钟
	馀庆村	务农	25 分钟
	馀庆村	务农	20 分钟
	馀庆村	村委	21 分钟
	九龙村	退休村委	49 分钟
	九龙村	务农	43 分钟 39 秒
	九龙村	退休教师	49 分钟 55 秒
	九龙村	退伍军人	1 小时
	九龙村	务农	20 分钟 54 秒
	九龙村	务农	49 分钟 32 秒
	九龙村	务农	40 分钟 30 秒
	九龙村	务农	43 分钟 17 秒
	九龙村	务农	25 分钟 55 秒
	九龙村	务农	1 小时 30 分钟
	九龙村	退休乡干	42 分钟 55 秒
乡政府和村委会人员	岭根村村部	支书	2 小时
	北坑村家中	主任	27 分钟
	谷园村村部	支书	1 小时 4 分钟
	谷园村村部	报账员	2 小时 9 分钟
	馀庆村村部	下派支书	1 小时 17 分钟
	馀庆村村部	报账员	1 小时
	馀庆村村部	支书	1 小时 24 分钟
	九龙村村部	支书	2 小时 38 分钟
	九龙村民宿	主任	1 小时 2 分钟
	九龙村村部	报账员	34 分钟 19 秒
	农技站	站长	43 分钟
	党委	宣传委员	1 小时 14 分钟
	宣传站	人大主席	37 分钟 3 秒
	巨口乡	主席	40 分钟 23 秒

受访者类别	地点	职业	访谈时长
政府人员	电话访谈	党委书记	34分钟2秒
巨福公司负责人	巨福公司	经理	1小时1分钟
投资者	田园梦享	董事长	1小时23分钟
	九龙村民宿	千亩良田经理	1小时31分钟
非政府组织	电话访谈	艺术季负责人	45分钟
	电话访谈	艺术家	50分钟

表2　数据获取来源

数据类型	数据来源方	数据内容
一手数据	村民（23人）	参与乡村旅游经营意愿、对发展乡村旅游的看法、利益诉求、收入来源
	政府人员（15人）	本村土地产权流转情况、乡村旅游发展情况及利益分配过程、对乡村旅游开发的建议、现阶段巨口乡乡村旅游发展面临的问题及想法、未来发展旅游的计划、政府的利益诉求等
	巨福公司（1人）	现阶段古厝旅游资源产权流转情况、发展旅游面临的问题、未来运营计划、古厝生态银行进展
	非政府组织（2人）	现阶段艺术季开展遇到的问题、古厝保护现状、团队的利益诉求
	投资者（2人）	投资项目概况、公司经营业务、与当地居民的关系处理、投资遇到的困境
二手数据	岭根北坑村村委	黄彤云故居简介、房屋租赁合同等
	谷园村村委	村财收支表、农地流转合同、土地增减文档、综改项目材料、古厝简介等
	九龙村村委	艺术季行动计划书、房屋租赁合同、人居环境整治奖补方案、乡村振兴工作总结、土厝群保护公约等
	巨口乡政府（农技站、经管站、宣传站等）	巨口乡发展壮大村集体经济情况统计表、延平文学、圣丰生态农业园简介、土地流转摸底表、谷园村大棚补贴、巨口乡土地确权、巨口乡年鉴等
	巨口乡国土所	村民个人建房规划审批、巨口乡农村土地利用现状二级分类面积汇总表
	巨福旅游投资有限公司	巨福公司简介、巨口乡生态旅游发展总体规划、土地流转协议书、年度综改投资计划、巨口乡民宿奖励扶持办法、村资产入股巨福公司一览表等
	千亩良田公司	千亩良田项目可行性研究报告

表 3　资料编码示例

数据来源	总代码	访谈人员类型	访谈人员姓名	示例语句
访谈资料	F	CM	CM-13	（土地流转）我们农民有这种渴望的心态。但是对外承包几十年，如果包几年还可以，如果承包的太久了，人家思想有负担，农民最根本的是土地。如果失去土地，心里就没有底
			CM-8	（房屋）我四个兄弟都有人住，他出去打工，腾出来十几个房间
			CM-18	（土地）没人要，这里非常多土地，我们整个村庄都知道，每家每户每个人口都有一亩地，谁来要，没人来谈
		ZF	ZF-3	运营但没有产业，外地人进来没的看，几栋房子看一下，第一次有人来，第二次就没人来了
			ZF-4	私人民宿，去年做的时候政府也给他奖励了。你做一个按什么标准，就单独卫生间的，一个房间有两间要补多少
		FZF	FZF-1	这样的话你就能给到这个村特色的东西嘛，那接下来就是很多刚才我提的这个，就是怎么样去发展旅游，提供服务，怎么样在硬件、在软件、在人才，在这些方面，在商业的经营上面去获得成功，那这个就是后续的这个问题
			FZF-2	他们好像现在修边上的，原来是个私塾，这个钱应该是综改的钱。但是因为没有把它申报为文保单位，所以他们修起来就不够严谨，又不是对待文物保护单位的那种修法，所以还是有一点问题的

表 4　三级编码示例表

	资料来源	概念	示例语句
冲突领域	CM-9	村集体收入少	我们村财收入很少，也没什么固定的收入，还有电站分红，以前投了个电站，我投了几万块钱，一年才分红3000块钱，3000块钱还不够我们两个月电费
	ZF-2	发展旅游缺少资金支持	我们现在就是说要想发展旅游遇到资金问题了
消极因素	CM-1	子女在外打工	留下来有一部分人是老人家，在家里面等于说没干什么重活，他子女在外面打工啊就在外面上班，寄一点钱
	CM-10	交通不便	有劳力有东西才好收入，我们这里主要一条公路没有，我们搞旅游最重要的是有马路
	CM-13	土地碎片化	现在还有 900 亩荒废在那里，一大片，东一点西一点，不可能连片
	CM-7	农民不愿意丧失种田自由	（土地流转）本身想种田的人肯定不同意，我们不种田的人都可以。你想种田的人怎么样都不可能，我种田干吗田就可以给他们，给你打工，你一天 8 小时，我自己种田，什么时候爱回来就回来，（打工）很麻烦的
	CM-12	村集体组织形同虚设	理事会已经有了，理事会管都没管，人家都自己投自己的，出去打工不在这里，只能偶尔有事情叫他回来，偶尔回来一两次这样
	ZF-1	缺少经营主体	购物这一块，外面人进来要买一些特产，都没搞进来，你看那个酒坊里面都准备做我们谷园红那个品牌，那个红酒我们卖一下，还有蜂蜜，主要缺少经营的
	CM-18	修缮方案未落实	村里面没有请人过来装修房子，他是古村落那边可能有计划，暂时还没来装修
	CM-19	缺乏销售能力	我们这边产业，农民做油茶，油茶有几十年了，有最古老的油茶。我们现在的产品，全部流程下来，都是自己前期辅导的。第二个是蜂蜜，只有四五家产。第三个是农村的地瓜粉，还有就是笋干。反正这个自己收购过去，是种给自己吃，没有销售，不会去销售
	CM-5	租金交付担忧	（土地流转）这个肯定有一点顾虑，你要是搞不起来，后面我们村民再拿去种田还是做什么，他没有帮我们弄好，这肯定是有顾虑的，每年的租金能不能给我们，肯定有一个想法

	资料来源	概念	示例语句
积极因素	CM-3	随众流转	整个村里人家怎么搞的，人家都全部转让的，（我）肯定也转出去，如果就一部分那肯定不会转。如果整个村都同意了，肯定我们也同意转
	CM-1	国家政策支持	政策支持是有的，这几年首先是通过我们国家政策性的话，农村试点试验区改革在这一方面资金导入、发展，再说像我们巨口乡的话，现在对于绿色发展方面也比较高度重视，尤其是这两届政府，利用我们这个生态就是金山银山，好像说你这个再怎么发展，他对这一块也很注重，但是这个发展也很快，尤其在我们农村，原来的话人一走，人少的话，卫生垃圾依旧存在，好像说人越少，管理人越薄弱，环境越糟糕，特别这两三年的时间那是变化很大，从这些综改资金导入进来之后，各个村在环境整治这块也着力，下了非常大的力度
发展期望	FZF-1	共同努力	（乡村振兴）这样的一个过程也是需要政府、村民、艺术家以及社会各界的共同努力，才能把乡村建设得越来越好。一个是努力，还有一点就是要转变观念
	FZF-2	鼓动乡贤回归	第二个是要利用亲情鼓动乡贤回来多看看走走，巨口赚很多钱的人非常多。你不要小看游乐业，在外面的老板资产是几千万，几千万都是好几个，能不能把他们叫回来
	ZF-1	促进就业	在村里面的一些老人或者说身体方面有障碍的村民，那就说通过这个平台流转的农地，还有古厝这一块就是改造成民宿了，这个设施都发展起来了，那他们参与到这个经营当中来，也获取一些收入，也是给他们带来一些就业的机会

表5　二级编码表

类型	二级编码	概念
冲突领域	A 利益分配	A1 村集体经济发展不平衡；A2 利益未谈妥；A3 村集体收入少；A4 村财收入数额少；A5 部分土地流转价格低；A6 存在利益纠纷
	B 资金支持	B1 村落资金分配不同；B2 国家补贴少；B3 民宿奖补资金不足；B4 民宿修缮缺少资金；B5 村财政资金弱
	C 沟通冲突	C1 沟通效率低；C2 沟通不畅；C3 缺乏反映渠道
消极因素	A 人口流失	A1 村落空心化；A2 子女在外打工；A3 年轻人远离农业；A4 城中买房
	B 基础设施	B1 交通不便；B2 旅游发展条件不成熟；B3 教育医疗不完善；B4 修建厕所
	C 土地因素	C1 土地大片荒废；C2 山农田未流转；C3 土地空间限制；C4 土地碎片化；C5 农地破坏恢复难；C6 土地位置偏僻
	D 农民思想	D1 农户不愿意外包；D2 农民思想观念老旧；D3 农民不愿意丧失种田自由
	E 管理体制	E1 换届工作不衔接；E2 人事琐碎；E3 权责不清；E4 缺乏有效领导；E5 村集体组织形同虚设；E6 农民无决策权
	F 产业困境	F1 缺少资金支持；F2 缺少经营主体；F3 产业竞争力弱；F4 旅游资源无吸引力；F5 有床位无客流
	G 生产生活	G1 缺少人才；G2 发展农业有难度；G3 修缮方案未落实；G4 土地流转住房担忧；G5 种田收入低；G6 耕地条件差；G7 人力耕种；G8 后代耕地忧虑；G9 补助交付混乱；G10 就业机会少；G11 古厝修缮不严谨
	H 个人因素	H1 村民年迈；H2 缺乏销售能力
	I 土地流转担忧	I1 部分土地流转价格低；I2 租金交付担忧；I3 政策宣传不到位；I4 无企业接收土地；I5 土地破坏；I6 农地复垦担忧；I7 住房担忧
积极因素	A 态度认知	A1 愿意开发旅游；A2 愿意土地流转；A3 古厝修缮满意；A4 愿意参与旅游经营；A5 支持国家政策；A6 随众流转；A7 无土地争议
	B 支持因素	B1 国家政策支持；B2 环境改善
发展期望	A 观念改变	A1 共同努力；A2 多方支持；A3 村民主动；A4 农民参与程度提升
	B 推广带动	B1 吸引人流；B2 政府动员；B3 鼓动乡贤回归
	C 产业发展	C1 发展乡村旅游；C2 文旅融合；C3 促进就业；C4 整合资源；C5 多头增收；C6 招商引资；C7 获得收益；C8 房屋修旧如旧；C9 机制保障；C10 改善生活

二、巨口乡资源图谱

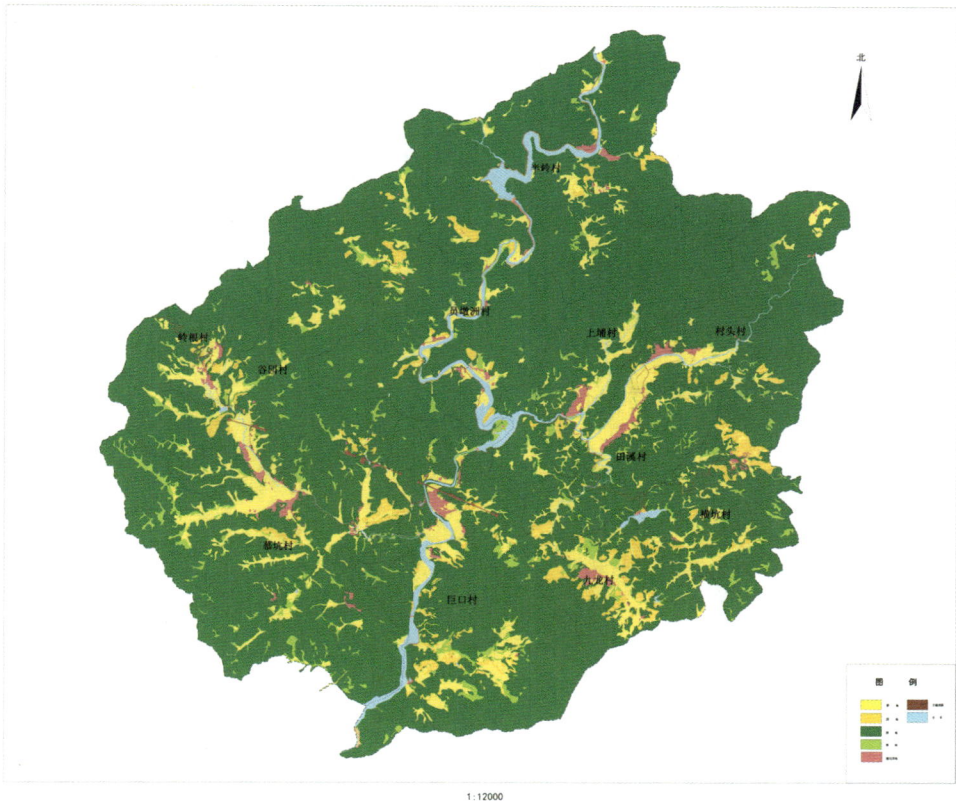

1:12000

图 1　巨口乡土地资源分布图

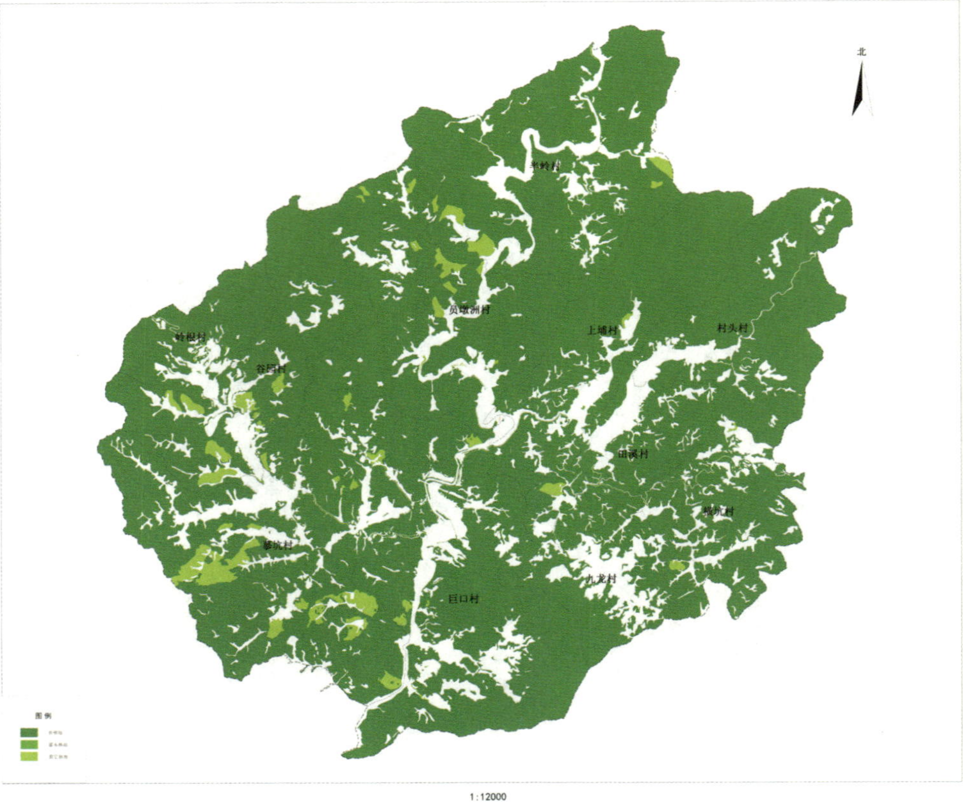

图 2　巨口乡林业资源分布图

北

半岭村

员墩洲村　　上埔村　　村头村

岭根村
谷园村

田溪村

横坑村

慕坑村

巨口村　　九龙村

图例
河流水面
水库水面
坑塘水面
滩涂

1：12000

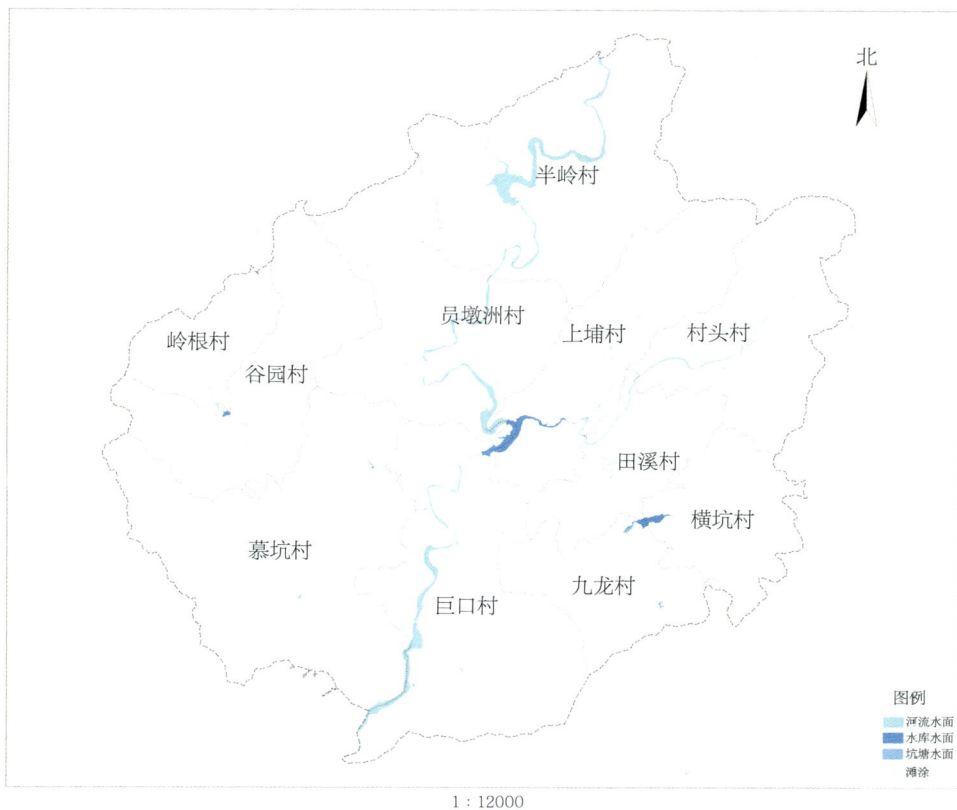

图 3　巨口乡水资源分布图

图 4　巨口乡矿产资源分布图

三、古厝生态银行事件舆情分析

（2018 年 6 月 1 日 0 时～2021 年 9 月 6 日 13 时）

（一）事件概况

为持续监测古厝生态银行所产生的影响，团队对"古厝生态银行"事件进行了舆情分析。自 2018 年 6 月 1 日 00:00 至 2021 年 9 月 6 日 13:53 期间，互联网上共监测到相关舆情 7470 条。其中网媒声量最大，为 4039 条，其次是 App，为 1714 条。

　　事件首发文章于 2019 年 9 月 25 日 15:22 发布在海峡网 – 南平新闻，题名为《逐绿而行　点绿成金》。全网声量最高峰出现在 2021 年 2 月 6 日，共产生 242 篇相关信息。后续报道主要来源于微信、今日头条、搜狐新闻、腾讯网等几大站点。

（二）事件脉络

表 6　古厝生态银行事件脉络

时间	事件简介	备注
2019-09-25 15:22	逐绿而行　点绿成金	媒体首发
2020-04-04 00:00	今年 4 月，自然资源部印发《生态产品价值实现典型案例》（第一批），南平市"森林生态银行"案例位列其中，成为首批国家推荐的典型案例之一	
2020-04-15 00:00	15 日，南平市组织开展 2020 年第一季度"生态银行"建设考核，专家学者通过云视频连线的方式，对全市 10 个县（市、区）进行线上考核和答辩	
2020-07-04 12:00	7 月 4 日上午，由福建省南平市海峡旅行社组织的 40 多名游客走进国家级生态乡镇——南平市延平区巨口乡，这是"五一"假期之后，这里迎来的首批团客	
2020-07-14 00:00	7 月 14 日，《人民日报》（海外版）刊登《青山绿水创造生态财富》南平：因水而美因美而富	
2020-08-08 00:00	8 日，"闽北乡村干部学院"成立揭牌仪式暨首期培训班在福建省南平市延平区巨口乡谷园村教学点举行，标志着中国社会科学院直属单位中国社科教育培训中心和延平区委双方合作成果正式落地	
2020-08-08 00:00	（卢国华詹国兵王丽娜）又讯 8 日，闽北乡村干部学院揭牌仪式后，首期培训班正式开班，来自延平区巨口乡和赤门乡的村主任和党群工作者，共 62 名学员入学	
2020-08-22 00:00	台海网 8 月 22 日讯据大武夷新闻网报道 8 月 20 日，记者获悉，由南平市延平区委区政府、闽北日报社、南平市文联联合举办的"古厝有故事"作品征集活动即日起正式启动	

续表

时间	事件简介	备注
2020-10-24 00:00	古厝生态银行论坛暨 2020 年中国·延平乡村艺术季新闻发布会在榕举办 10 月 24 日，由延平区委、区政府和上海阮仪三城市遗产保护基金会主办，巨口乡党委、政府和融媒体中心承办的南平市第四届旅游产业发展大会之"古厝生态银行"论坛暨 2020 年中国·延平乡村艺术季新闻发布会在福州市三坊七巷宗陶斋举行	
2020-10-24 00:00	就在下和洋稳步推进古厝合作社发展的同时，10 月 24 日，"古厝生态银行"论坛在福州举办，专家学者共同探讨如何通过机制创新，引入发展要素，激活古韵古厝，增强乡村的发展活力	
2020-10-27 00:00	同年 10 月 27 日，自然资源部印发第二批《生态产品价值实现典型案例》，福建省南平市光泽县的"水生态银行"亦荣列其中	
2020-11-07 00:00	10 月 24 日以"绿色引领发展艺术赋能乡村"为主题的古厝生态银行论坛暨 2020 中国·延平乡村艺术季发布会在福州三坊七巷举行发布会现场本届艺术季将于 2020 年 11 月 7 日在南平市延平区巨口乡开幕本届艺术季以"艺术赋能乡村"为主题，在传承和总结往届活动的基础上，突出乡村产业带动，推出一系列精彩纷呈的配套活动	
2020-11-07 12:00	11 月 7 日上午，福建南平市第四届旅游产业发展大会·2020 中国延平乡村艺术季在延平区巨口乡开幕	
2020-11-14 00:00	台海网 11 月 14 日讯据大武夷新闻网消息 2018 年，南平市成为国家第二批山水林田湖草生态保护修复工作试点，这是《国家生态文明试验区（福建）实施方案》赋予南平的重点改革任务之一	
2020-11-20 00:00	11 月 20～22 日，由南平市委、政府主办，以"遇见南平、遇见自己"为主题的南平市第四届旅游产业发展大会（下简称"旅发大会"）在延平区、武夷新区、武夷山市等地举行	
2021-03-29 00:00	3 月 29 日，南平农商银行为延平区巨口乡农户经营户官某发放首笔"绿色家园·古厝贷"15 万元	

（三）发展趋势

在舆情发展趋势中，该事件全网声量最高峰出现在 2021 年 2 月 6 日，共产生 242 条舆情信息，其中网媒平台最为突出，最高达到 177 条传播量，成为该事件的主要传播媒体。

图 5　古厝生态银行舆情发展趋势

（四）关键词云

图 6　古厝生态银行关键词云

通过对上千条新闻进行词条统计，得到"生态银行""古厝""延平""南平"等关键词，按照关键词出现的次数进行排序，对出现频率最高的关键词予以视觉上的突出，越显著的关键词在所有新闻内容中出现的频率越高。在古厝生态银行事件中，视觉上最突出的关键词为"生态银行"，足以看出古厝生态银行热度之大、影响之广泛。其中"示范样板""学习点"等词，体现了古厝生态银行试点取得的实践成果，得到了广泛的肯定。

（五）微博分析

事件在微博传播过程中，共监测到微博 155 条，共有 8 个政府账号。

表 7　古厝生态银行政府微博传播

博主名称	粉丝数	发帖数
福州发布	907763	1
三明市文化和旅游局	122146	1
三坊七巷官博	54318	1
南平团市委	21440	1
延平团区委	2441	1
南平市政府门户网站	1295	1
美丽延平	552	5
南平生态环境	413	2

1. 博文发展趋势

事件相关博文信息量在 2020 年 12 月 31 日 15:00～15:59 时段达到最高峰，共产生 14 篇相关信息。95.48% 的网民针对该话题发表了原创观点，为事件的发展提供舆论导向，3.87% 的网民转载了原帖信息、0.65% 的网民回复并转载了原帖信息，推动了舆论在网民中的传播，增强了话题的影响效果，使该事件的传播热度不断升温。

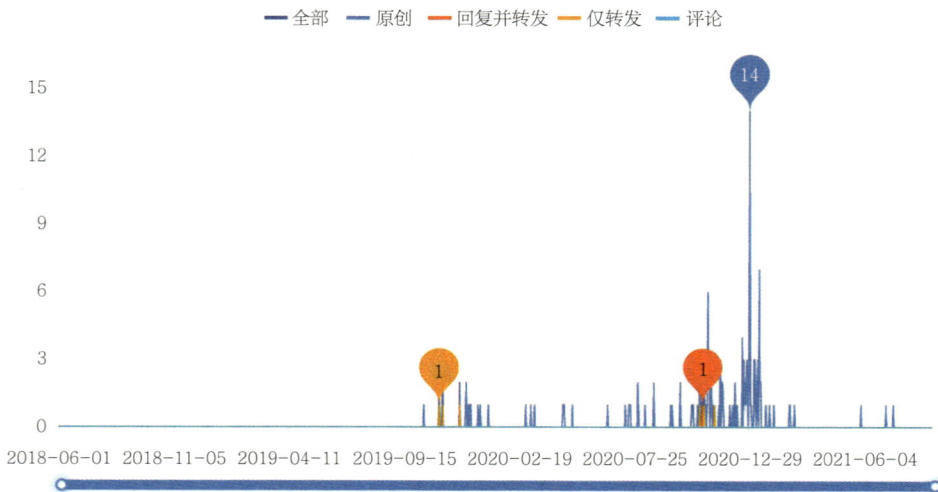

图 7　古厝生态银行相关博文发展趋势

2. 博主地域

事件在全国范围内引起了广泛关注，从热度的地域分布情况来看，福建地区的网民对此事件的关注度最高，其次是广东地区。

（六）媒体分析

从舆情分布情况看，各类媒体报道总数量为 7470，网媒是主要传播平台，共 4039 条。本次事件中央级媒体共有 8 家参与报道，地方媒体 10 家，其他媒体 4 家，体现了各级媒体对古厝生态银行的积极关注。报道中，专家们和官方政府肯定了生态银行的现实意义和推广价值，认为古厝生态银行是乡村振兴的强有力抓手，能够使传统村落活起来、动起来，更好地助力全面小康建设，在理论和实践上大有可为。

1. 重点媒体

表 8　重点媒体

全部媒体	中央媒体	地方媒体	其他媒体
22 家	8 家	10 家	4 家

2. 中央级媒体

表 9　中央级媒体

排名	媒体名称	文章数量	信源范围
1	《人民日报》	33	中央媒体
2	《经济日报》	27	中央媒体
3	中央人民广播电台	14	中央媒体
4	中新社	12	中央媒体
5	中国国际广播电台	11	中央媒体
6	《光明日报》	4	中央媒体
7	新华社	3	中央媒体
8	《中国青年报》	3	中央媒体

3. 地方媒体

表 10　地方媒体

排名	媒体名称	文章数量	信源范围
1	《福建日报》	121	地方媒体
2	《福州日报》	27	地方媒体
3	上海报业	22	地方媒体
4	第一财经	6	地方媒体
5	《羊城晚报》	4	地方媒体
6	千龙网	2	地方媒体
7	吉网传媒	2	地方媒体
8	中国西藏网	2	地方媒体
9	黄河新闻网	1	地方媒体
10	福建省广播影视	1	地方媒体

4. 其他媒体

表 11　其他媒体

排名	媒体名称	文章数量	信源范围
1	金融界	10	其他媒体
2	新浪	3	其他媒体
3	东方财富网	3	其他媒体
4	乐居购房网	2	其他媒体

（七）观点分析

1. 专家观点

表 12　专家观点

序号	观点	热度
1	专家们表示：在总体设计上，"生态银行"要落实到商业模式、市场化运作机制上，寻求把南平的生态资源作为生产要素，与土地产权、林权、水权等和市场上的资本、技术、人才相结合，利用证券、债券、保险等金融工具，提升资源综合开发效益。	28
2	中国科学院地理所旅游地理及规划专家刘家明表示："旅游是绿水青山转化为金山银山的一座重要桥梁，南平市在'生态银行'建设的时候，要考虑旅游资源的利用方式，要集约利用生态资源，解决这个功能和空间集中的问题。"	1
3	许多专家指出："生态银行"的推出，解决了桥与路的问题。	1
4	专家一致认为："生态银行"在理论创新及实践上大有可为，具有重要的现实意义和推广价值。	1

2. 官方观点

表 13　官方观点

序号	观点	热度
1	延平区委书记赵明正说："自然和历史文化遗产的保护性开发和利用，是彰显地域文化魅力、实现文旅融合的重要抓手。延平区'古厝生态银行'机制被证明是保护开发蕴含传统文化基因古厝的有效路径，是乡村振兴的强有力抓手，这在连续两届成功举办的乡村艺术季中得到了实践检验，我们要更加坚定地把这个机制持续抓好。"	109
2	延平区委书记赵明正说："巨口乡最大的特色是绿色，最好的资源是 600 多座土厝，这是富民强村的资源禀赋。"	101
3	延平区委书记赵明正说："党的十九届五中全会指出，优先发展农业农村，全面推进乡村振兴。近年来，延平区深入践行'两山'理论，立足资源禀赋，利用生态银行、水美经济、武夷品牌、科特派等抓手，探索巨口乡'古厝生态银行'、王台镇'科特派机制'、炉下镇水美乡村等乡村振兴示范带，以带促面，打造具有延平特色的乡村振兴样本。"	93
4	延平区巨口乡党委书记陈羚介绍说："今年是脱贫攻坚的收官之年和全面小康之年。举办本届艺术季，也是为了展示和提升近年来巨口乡以'艺术'为媒介，探索'乡村品牌化'路径的经验与做法，更好地助力脱贫攻坚和全面小康建设。"	48

序号	观点	热度
5	延平区委书记赵明正表示：闽北乡村干部学院的成立，把国家级教学资源与农村综合性改革试点试验工作进行有效融合，学院总结出一批可学可借鉴的"综改"成果作为教学案例，立足延平、服务闽北、面向福建、辐射全国，着力培养输送适应新形势下农村经济社会发展要求、胜任农业农村工作的高素质基层干部队伍，为全面打赢脱贫攻坚战、全面建成小康社会、实现乡村振兴提供坚实的人才和智力支撑。	37
6	巨口乡党委书记陈羚指出："通过资源互通、优势互补、效益互联，依托中国社科教育培训中心前沿政策、理论、科研力量，编制学校项目规划、特色实践案例理论研究、学校课程体系、师资体系、考核体系、认证体系建设，搭建线上远程教学系统导入高等院校、省市委党校等优质师资课程，对本地师资课程进行培训指导，促进学校高起点布局、高标准建设、高质量办学，为建成立足延平、服务闽北、辐射全省、面向全国的乡村干部学习成长样板基地打下坚实基础。"	35
7	延平区生态环境局副局长雷明锋告诉笔者："东山溪现在成了网红打卡地，人气指数飙升，这都要归功于近几年来延平开展的小流域整治工程。"	35
8	巨口乡党委书记陈羚指出："在聚合财政部农村综改政策、巨口乡闲置资产等优势资源的同时，我们还积极引入中国社科教育培训中心高端教育资源，实现'三大资源'有机结合。"	28
9	市应急局党组书记廖祖辉说："我们计划吸引更多的社会资金来修缮、开发这些传统古建筑，发展乡村旅游。我们有信心把馀庆村建得更好，成为延平区的一个旅游胜地。"	26
10	市自然资源局相关负责人表示："生态银行"作为我市绿色发展的"三大创新"纳入绿色发展考核评价，受疫情影响，今年第一季度的考核采取线上答辩的形式。	23
11	南平市市长刘洪建5日表示：过去的一年，南平市"生态银行"建设成效初显，形成顺昌"森林生态银行"、武夷山五夫"文化生态银行"、建阳"建盏生态银行"、延平巨口"古屠生态银行"等多种运作模式；南平市还设立了福建省首家"林权＋金融"模式的绿昌融资担保公司。	51
12	南平市市长刘洪建5日表示："生态银行，推动了自然资源全域化整合、市场化运作、多元化增值。"	50
13	林毅告诉笔者："除了把外墙面重新粉刷装饰、升级灯光设备、配套家具和厨房设施之外，室内的杉木板都换成了更加耐用的松木，共花了大约20万元。后来，我把它'存储'到乡里的'生态银行'并托管。"	15
14	延平区委书记赵明正说："近年来，延平区利用生态银行、水美经济、科技特派员等抓手，探索巨口乡古屠生态银行、王台镇科特派机制、炉下镇水美乡村等乡村振兴示范带，以带促面，打造具有延平特色的乡村振兴样本。"	14
15	赵明正表示：延平区做精"回归经济"，优化营商环境，促进总部回归、人才回乡、资金回流、项目回迁，呈现出蓬勃发展的态势。	12

序号	观点	热度
16	刘献祥指出：要提高政治站位，充分认识做好文化和自然遗产保护工作的重大意义，加强文化与遗产的保护，提升文化的软实力和吸引力；要在保护传统村落的基础上进行开发，结合乡村艺术季，讲好品牌故事，打响生态牌，打好土厝牌；要注重开发创意文化产业发展，推陈出新满足群众多样化的文化需求，打响"古厝生态银行"品牌，营造浓厚氛围，让传统村落活起来、动起来；要加强新时代文化和自然遗产保护利用，加快推进文化强省建设。	12

四、延平艺术季事件舆情分析

（2018 年 1 月 1 日 0 时~2021 年 9 月 6 日 12 时）

（一）事件概况

为持续监测延平乡村艺术季所产生的影响，团队对"延平艺术季"事件进行了舆情分析。自 2018 年 1 月 1 日 00:00 至 2021 年 9 月 6 日 12:00 期间，互联网上共监测到相关舆情 5005 条。其中网媒声量最大，为 2156 条，其次是微信，为 1035 条。

事件首发文章于 2019 年 9 月 25 日 17:22 发布在微信，题名为《"古厝乡情　生态巨口"全省摄影大赛邀您参赛》。全网声量最高峰出现在 2019 年 11 月 30 日，共产生 336 篇相关信息。后续报道主要来源于微信、新浪微博、今日头条、搜狐新闻等几大站点。

（二）事件脉络

表 14　延平艺术季事件脉络

时间	事件简介	备注
2019-09-25 17:22	"古厝乡情　生态巨口"全省摄影大赛邀您参赛	媒体首发

时间	事件简介	备注
2020-01-13 00:00	时间：2020年1月13日~1月23日　地点：双溪楼　主题：古厝生态银行杯·乡村艺术季走进延城摄影展　形式：100幅摄影作品，免费开放展览，快跟随小编一饱眼福　乡村艺术季遇见美丽　部分摄影作品一起邂逅　巨口乡是国家级生态乡镇，文化遗产资源丰富，孕育着4个国家级传统村落、4个省级传统村落、1个省级历史文化名村，人文历史遗址20多处，保存完整的古村落11个，古厝达600多座	
2020-04-15 00:00	15日，南平市组织开展2020年第一季度"生态银行"建设考核，专家学者通过云视频连线的方式，对全市10个县（市、区）进行线上考核和答辩	
2020-06-03 00:00	今年6月至11月，我市先后举办中国延平乡村旅游艺术季、"春燕行动—福建乡村音乐会"文化惠民活动、"漫游武夷山·山径古道"集游打卡活动、"武夷山水·圣农杯"全国郊野钓鱼大赛……阔别一年，南平市第四届旅游产业发展大会今日如约而至	
2020-06-03 00:00	6月3日，市委常委、宣传部部长张培栋，市委宣传部副部长陈金健一行深入延平区巨口乡调研"古厝生态银行"机制、文化振兴等工作	
2020-10-24 00:00	古厝生态银行论坛暨2020年中国·延平乡村艺术季新闻发布会在榕举办10月24日，由延平区委、区政府和上海阮仪三城市遗产保护基金会主办，巨口乡党委、政府和区融媒体中心承办的南平市第四届旅游产业发展大会之"古厝生态银行"论坛暨2020年中国·延平乡村艺术季新闻发布会在福州市三坊七巷宗陶斋举行	
2020-10-24 12:00	古厝生态银行论坛暨2020中国·延平乡村艺术季发布会现场台海网10月24日讯（海峡导报驻福州记者林芹）24日上午，"古厝生态银行"论坛暨2020中国·延平乡村艺术季新闻发布会在福州市三坊七巷宗陶斋举行	
2020-11-07 00:00	10月24日以"绿色引领发展艺术赋能乡村"为主题的古厝生态银行论坛暨2020中国·延平乡村艺术季发布会在福州三坊七巷举行发布会现场本届艺术季将于2020年11月7日在南平市延平区巨口乡开幕本届艺术季以"艺术赋能乡村"为主题，在传承和总结往届活动的基础上，突出乡村产业带动，推出一系列精彩纷呈的配套活动	
2020-11-07 12:00	"弟子诣先贤朱公像前，向先贤朱子行揖礼……"7日上午，道南汉服文化社在延平区巨口乡谷园村郑厝里厝民居举行"朱子敬师礼"传统礼仪展示，吸引了众多远道而来的游客驻足观看	

时间	事件简介	备注
2020-11-07 12:00	制作灯笼画、拼贴植物画，体验书法、剪纸以及叶脉书签和制作蝴蝶标本……7日上午，延平区巨口乡谷园村旗杆厝外的空地上，"孝廉文化走进传统古村落之'亲子DIY'"活动吸引了一批又一批的游客前来体验，现场一片热闹	
2020-11-07 12:00	11月7日上午，在"古厝有故事、山水皆文章"的延平区巨口乡绿水青山中，南平市第四届旅游产业发展大会之2020中国·延平乡村艺术季举行开幕式	
2020-11-1C 00:00	来源：《乡村振兴进行时》栏目　播出时间：每晚18:30　近日，2020中国·延平乡村艺术季在南平巨口乡谷园村开幕，艺术季以"艺术赋能乡村"为主题，通过现代艺术和传统古厝的文化碰撞，为游客呈现了三年间巨口古村落保护的工作成果	
2020-11-10 00:00	东南网11月10日讯（福建日报记者赵锦飞通讯员詹国兵）7日，南平市第四届旅游产业发展大会·2020中国延平乡村艺术季在延平区巨口乡开幕	

（三）发展趋势

在舆情发展趋势中，该事件全网声量最高峰出现在2019年11月30日，共产生336条舆情信息，其中微博平台最为突出，最高达到313条传播量，成为该事件的主要传播媒体。

图8　延平艺术季舆情发展趋势

（四）关键词云

图9　延平艺术季关键词云

从关键词云可知，出现频率最高的是"生态银行"，延平乡村艺术季与古屏生态银行有较强的关联性。"延平""古屏""巨口乡"等词，在一定程度上体现了延平区巨口乡的特色资源古屏相比其他资源的知名度高，其中"赋能"一词体现了大众对乡村艺术季为古村落保护与发展中起到的作用给予的认可。

（五）微博分析

事件在微博传播过程中，在全国范围内引起了关注，共监测到微博583条，其中正面90条，共有政府账号10个，使得事件的传播范围进一步扩大。

表15　延平艺术季政府微博传播

博主名称	粉丝数	发帖数
福州发布	907763	1
中国三农发布	320021	1
上海三农	264700	2
三坊七巷官博	54318	3
南平团市委	21440	2

博主名称	粉丝数	发帖数
武汉农业农村	9956	1
台江发布	9370	1
延平团区委	2441	1
美丽延平	552	4
南平生态环境	413	2

1. 博文发展趋势

事件相关博文信息量在 2019 年 11 月 30 日 10:00～10:59 时段达到最高峰，共产生 210 篇相关信息。21.1% 的网民针对该话题发表了原创观点，为事件的发展提供舆论导向，24.53% 的网民转载了原帖信息、54.37% 的网民回复并转载了原帖信息，推动了舆论在网民中的传播，增强了话题的影响效果，使该事件的传播热度不断升温。

图 10　延平艺术季相关博文发展趋势

2. 博主地域

事件在全国范围内引起了广泛关注，从关注度的地域分布来看，福建地区的网民对此事件的关注度最高，其次是北京、广东、四川、山东地区。

（六）媒体分析

本次事件引起了新闻媒体的重视，从舆情分布情况看，各类媒体报道总数量为 5005，网媒是主要传播平台，共 2156 条。事件中央级媒体共有 4 家参与报道，地方媒体 11 家，其他媒体 3 家。网民对此事件做出积极评价，对古村落的文化价值予以认可，政府部门也表示古厝生态银行机制是保护开发蕴含传统文化基因古厝的有效路径，要结合乡村艺术季，打好古厝牌、生态牌，持续推动乡村振兴。

1. 重点媒体

表 16　重点媒体

全部媒体	中央媒体	地方媒体	其他媒体
18 家	4 家	11 家	3 家

2. 中央级媒体

表 17　中央级媒体

排名	媒体名称	文章数量	信源范围
1	中央人民广播电台	13	中央媒体
2	《人民日报》	11	中央媒体
3	《光明日报》	3	中央媒体
4	中新社	1	中央媒体

3. 地方媒体

表 18　地方媒体

排名	媒体名称	文章数量	信源范围
1	《福建日报》	68	地方媒体
2	上海报业	28	地方媒体
3	《福州日报》	24	地方媒体
4	《厦门日报》	8	地方媒体

续表

排名	媒体名称	文章数量	信源范围
5	福州广播电视台	4	地方媒体
6	《羊城晚报》	3	地方媒体
7	第一财经	2	地方媒体
8	中国西藏网	2	地方媒体
9	厦门广播电视台	2	地方媒体
10	福建省广播影视	2	地方媒体

4. 其他媒体

表 19　其他媒体

排名	媒体名称	文章数量	信源范围
1	乐居购房网	2	其他媒体
2	新浪	1	其他媒体
3	东方财富网	1	其他媒体

（七）观点分析

1. 网民观点

表 20　网民观点

序号	观点	热度
1	乡村振兴离不开古村落文化价值的助力	12
2	这是一个有故事的地方	10
3	我想说我为我的家乡感到自豪	10
4	国家应该大力弘扬传统文化啊	9
5	要让古村落在乡村振兴中留下来活起来	8
6	我也想去玩	8
7	下周过去还有机会看到这些作品吗	8
8	应该大力宣传此类活动	8
9	让人觉得舒心惬意	5

2. 官方观点

表 21　官方观点

序号	观点	热度
1	延平区委书记赵明正说："自然和历史文化遗产的保护性开发和利用，是彰显地域文化魅力、实现文旅融合的重要抓手。延平区古厝生态银行机制被证明是保护开发蕴含传统文化基因古厝的有效路径，是乡村振兴的强有力抓手，这在连续两届成功举办的乡村艺术季中得到了实践检验，我们要更加坚定地把这个机制持续抓好。"	109
2	延平区委书记赵明正说："党的十九届五中全会指出，优先发展农业农村，全面推进乡村振兴。近年来，延平区深入践行'两山'理论，立足资源禀赋，利用生态银行、水美经济、武夷品牌、科特派等抓手，探索巨口乡'古厝生态银行'、王台镇'科特派机制'、炉下镇水美乡村等乡村振兴示范带，以带促面，打造具有延平特色的乡村振兴样本。"	92
3	延平区巨口乡党委书记陈羚介绍说："今年是脱贫攻坚的收官之年和全面小康之年。举办本届艺术季，也是为了展示和提升近年来巨口乡以'艺术'为媒介，探索'乡村品牌化'路径的经验与做法，更好地助力脱贫攻坚和全面小康建设。"	48
4	南平市延平区相关工作人员告诉记者："古厝生态银行"主要通过整合、盘活零散的古村、古厝等碎片化资源，集中委托、集中管理，通过市场运作手段，借鉴银行分散化输入、集中化输出的模式，探索出一条乡村振兴之路。	22
5	巨口乡党委书记陈羚告诉记者："巨口乡人口 1.3 万，但是三分之二人口外流，年轻人外出打拼，留下的都是老人，古厝失去了人气，成了躺在山里的沉睡资源。"	19
6	巨口乡党委书记陈羚告诉记者："我们一方面通过高位嫁接，聘请 5 位专家作为乡村振兴的智囊团，对规划及村落古厝保护予以指导，保障规划设计的刚性；另一方面，聘请乡贤、退休干部等成立 20 多个乡村振兴理事会，在产业振兴、文明乡风、化解矛盾中发挥作用，探索建立共建共享的治理格局。"	18
7	巨口乡乡党委书记吴春生告诉笔者："提炼文化资产含金量，增加平台价值。这是我们乡参与建设的'古厝生态银行'工程的'资本'。"	15
8	巨口乡党委书记陈羚介绍说："今年是决胜全面建成小康社会、决战脱贫攻坚之年，举办本届艺术季，也是为了展示和提升近年来巨口乡以'艺术'为媒介，探索'乡村品牌化'路径的经验与做法，更好地助力脱贫攻坚和全面小康建设。"	14
9	刘献祥指出：要提高政治站位，充分认识做好文化和自然遗产保护工作的重大意义，加强文化与遗产的保护，提升文化的软实力和吸引力；要在保护传统村落的基础上进行开发，结合乡村艺术季，讲好品牌故事，打响生态牌，打好土厝牌；要注重开发创意文化产业发展，推陈出新满足群众多样化的文化需求，打响"古厝生态银行"品牌，营造浓厚氛围，让传统村落活起来、动起来；要加强新时代文化和自然遗产保护利用，加快推进文化强省建设。	12

序号	观点	热度
10	赵明正表示："作为连续两届乡村艺术季的举办地巨口乡，是国家级生态乡镇，有4个国家级传统村落、4个省级传统村落、1个省级历史文化名村，辖区内自然文化遗产丰富，保存较为完整的古厝就有600多座。"	6
11	艺术季艺术执行总监黄云鹤说："艺术季，是让我们的老师和学生从学校走入社会、走进生活，进行实践和创作展示的很好的一个平台。"	5
12	赵明正指出：今年以"艺术赋能乡村"为主题，旨在进一步深化传统古村落与艺术的有机结合，进一步在乡村文旅、产业振兴深度上做文章，打造"不落幕的艺术季"，为传统村落赋能、为乡村振兴赋能、为机制创新赋能。	5
13	赵明正指出："过去一年，是延平发展不平凡的一年，是我们用汗水浇灌收获，实干笃行、岁物丰成的一年，是全区干部过得充实、走得坚实、硕果累累的一年。"	2
14	赵明正说：在古厝群里的2019乡村艺术季作品区，在详细了解了驻地艺术家创作作品的布局、背景和寓意之后，赵明正说，置身于旧礼堂和老酒坊，赵明正专门叮嘱礼堂修建要秉持"修旧如旧"的原则，要保护好利用好古厝建筑，让村子里的人及游客寻回记忆，留住乡愁。	2
15	赵明正说："2019延平乡村艺术季开幕式以大地为舞台，以古厝为背景，要把周边的环境打造好来，凸显特色，给大家呈现一个不一样的乡村艺术季。"	2

责任编辑：刘志龙
责任印制：冯冬青
封面设计：中文天地

图书在版编目（CIP）数据

古厝生态银行：新时代延平区乡村振兴样板 / 崔莉
著 . -- 北京：中国旅游出版社，2022.3
ISBN 978-7-5032-6888-5

Ⅰ.①古…　Ⅱ.①崔…　Ⅲ.①生态经济 – 商业银行 –
研究 – 南平　Ⅳ.① F832.33

中国版本图书馆 CIP 数据核字（2021）第 281458 号

书　　　名：古厝生态银行——新时代延平区乡村振兴样板

作　　者：崔　莉　著
出版发行：中国旅游出版社
　　　　　（北京静安东里 6 号　邮编：100028）
　　　　　http://www.cttp.net.cn　E-mail: cttp@mct.gov.cn
　　　　　营销中心电话：010-57377108，010-57377109
　　　　　读者服务部电话：010-57377151
排　　版：北京中文天地文化艺术有限公司
印　　刷：北京工商事务印刷有限公司
版　　次：2022 年 3 月第 1 版　2022 年 3 月第 1 次印刷
开　　本：720 毫米 ×970 毫米　1/16
印　　张：12.25
字　　数：180 千
定　　价：59.00 元
ＩＳＢＮ　978-7-5032-6888-5